煙窗叢談

胡津龄 著

天津社会科学院出版社

图书在版编目（ＣＩＰ）数据

汉字丛谈 / 胡津龄著. -- 天津 ： 天津社会科学院
出版社，2019.8（2021.1 重印）
　　ISBN 978-7-5563-0562-9

　　Ⅰ．①汉… Ⅱ．①胡… Ⅲ．①汉字－通俗读物 Ⅳ.
①H12-49

中国版本图书馆 CIP 数据核字 (2019) 第 149982 号

汉字丛谈
HANZI CONGTAN

出版发行：天津社会科学院出版社
出 版 人：张博
地　　址：天津市南开区迎水道 7 号
邮　　编：300191
电话/传真：（022）23360165（总编室）
　　　　　（022）23075303（发行科）
网　　址：www.tass-tj.org.cn
印　　刷：北京盛通印刷股份有限公司

开　　本：787×1092　毫米　　　1/16
印　　张：13.5
字　　数：178千字
版　　次：2019 年 8 月第 1 版　2021 年 1 月第 2 次印刷
定　　价：58.00 元

前 言
——此书写给喜欢汉字的朋友

我与汉字学的结缘，追根溯源，始于中学时遇到的一位不知名的老者。是他轻轻一碰，将我送上了研究汉字的道路。

20 世纪 60 年代初，我正随母习学书法，初中阶段，已经由楷而隶，渐次触摸到了篆书。学习书法是要有些花费的，除了购买纸、笔、墨而外，对碑帖的需求也是一个不小的负担。然而当时家道中落，购买碑帖几成为一种奢念。不得已，我只得到旧书店蹭书看。

那时天津劝业场二楼有一家旧书店。这家书店在天津鼎鼎大名，店面不太大，四面墙壁的书架上，满满都是线装书，中间几个大方台子上，是一摞摞人们淘出的旧书。

这就是我流连忘返的地方。只要你有时间，在那里看书是没有人干涉的。顾客多是成年人，只有我一个少年小心翼翼地穿插其间。刚进去时，扑面而来的是刺鼻的旧书气味，时间一长也闻不到了。在我的印象中，似乎买书的人并不太多，更多的人是在翻看，也有的在抄录什么。书店的服务员是一位老者，瘦瘦的样子，戴着一副套袖，从不说话，只是默默地将散乱的书籍再码放整齐。这里是知识的海洋,我的很多基础知识是在这里学到的。

篆书的笔墨技巧并不太难,关键是它的形体与隶楷大不相同。古今文字写法虽有一定的对应规律,但刚开始习写篆书,其中的奥妙还是把握不好。这样,我到旧书店的一个重要目的就是查抄篆字。在那里,我发现了一套线装的增篆《康熙字典》。这部石印的线装书,每页的眉头上都有对应的篆字。这真是绝好的工具书。然而我无钱购买,只好将需要的字一个个查抄下来,每次如是。那位老服务员也看惯了我的动作,见面时相视一笑便了。查完该找的汉字,我再翻看其他书籍,每每到七点多钟,腹中咕噜作雷鸣,才倦倦地离去。

有一次,我正在闷头查字,老服务员轻轻地碰了碰我,递给我一本薄薄的书——《部首讲解》,那是河北大学著名教授黄绮的著作。翻开这本书,犹如推开神仙洞府的大门,那一个个汉字部首竟有生命似的活了起来。好书!真是好书!我的手战栗了。无奈囊中空空,只能喃喃地对老服务员说:"我今天没钱,明天一定来买。"老人没有说话,接过了书塞在一摞书的最下面。

第二天早上,我对妈妈说:"中午不回家吃饭了。给我两毛钱,我买面条吃。"妈妈心照不宣地给了我两毛钱。那年月,街面上有很多卖面条的铺子,两毛一大碗,或打卤,或麻酱,吃蒜不要钱,很受人们欢迎。这是我获得零钱的唯一办法。当我需要买一支毛笔,或者凑钱买一本新书时,付出的代价常常是饿饭。饿一顿是值得的,这本书原价两毛八,旧书店只卖五分钱。

虽然是小册子,但对我太重要了,从此我开始了真正文字学的学习。一晃几十年的荏苒岁月过去了,我对文字学的痴迷至今不减,文字学成了我为之一生奋斗的专业。谁承想当年那位老者的轻轻一碰,竟是我几十年学术生涯的滥觞。

现如今,年开七秩的我已从学校讲台上退了下来,然而机缘巧合,时代的潮流又把我推上了老年大学的讲台,讲起了汉字的知识。我的眼前,不再是年轻而稚嫩的学子,课堂上这些白发苍苍的老学员饥渴求知的态度,每每使我感动不已。说来也怪，课上课下我常想在这些老学员的脸上寻找当年老服务员的样貌。然而做不到了，正应了往事如烟的老话，我记不起老服务员的相貌，只记得那戴着套袖的手臂曾经的一碰。

我研读的第一本学术著作是黄绮的《部首讲解》，我遇到的第一位文字学启蒙老师就是旧书店的这位老服务员。他没有对我说过一句话，但却指明了我一生的道路。我怀念他。

生命的意义本在于传承，但传承需要施动与受动的衔接配合。此前，我在学校为语言学专业的学生们讲授文字学，基本要遵循专业学术的一般规律。但对一般的朋友解说汉字文化却不需如此。

因此，本书只选择了人们可能感兴趣的 30 个专题，以实例解说的方式，激发人们认识汉字的兴趣，从中探寻中华文化一步步走来的印记。有学者说，汉字是中华文化的基因。诚如此，只要我们对中华文化的基因有了真正的认识，我们的汉字，我们的民族，我们的文化将一如既往地屹立在世界民族之林。

汉字是神奇的文字。看懂了汉字，便看懂了中国文化。汉字传承了近四千年，无论其字形如何嬗变，字音如何流变，字义如何演变，只要把握了汉字的规律，中华文化便在汉字的笔画、部件和整字中显现出来。为此，我撰写此书，希望能对汉字与中华文化的传承贡献绵薄之力。

目　录

第一讲　中国人从哪里来

——寻找汉语产生的可能途径

　　我本是要谈汉字的,谈汉字则不能不说中国人,不能不说中华文化,因为是中国人创造并传承了中华文化,而汉语汉字又是中华文化最重要的传承手段。中国人、中华文化、汉语汉字合三而为一,缺一不可。故而谈汉字,则必先谈中国人和中华文化。

　　人类之所以称作智慧生物,在于掌握了语言这一交际工具。有了语言,人类便有了文化;而有了文字,人类便进入高级文化阶段。现在还活着的语言,专家的统计数字不一,大约在五千种以上,而活着的文字则要比语言少得多。在世上众多的文化和语言文字中,有一种文化自产生传承至今从未断绝消亡的便是中华文化;有一种语言文字自产生传承至今从未断绝消亡的便是汉语汉字。还有一点需要指出的是,当今世上的文字几乎都是受到其他文字的影响而创造或改造的,汉字却是从产生至今从未受到其他文字的影响而发生变化。故而,我们可以自豪地说,汉字是世上唯一沿用至今的自源性文字。

　　那么创造使用这样一种文字的中国人是一种什么样的人呢?追根溯源,他们又是从哪里来的呢?这个问题需要讨论清楚,因为它关系到汉语汉字的产生途径和发展走向。

当人类脱离了蒙昧、有了文明的思维和语言以后，人类便开始运用自己的智慧思索着："我们到底是从哪里来的？"千百年来，不同的民族编撰着自己的传说和信史，在浪漫猜想和小心论证中寻找着自己的起源。然而，尽管人类今天已进步到令自己都吃惊的地步，这个问题仍没有一个令全人类都感到十分满意和信服的答案。

几千年来，一直有传说称我们是从泥土中诞生的。这种对土地的崇拜和眷恋在世界上很多民族中都是有的。然而传说毕竟是传说，人类起源的学说需要审慎的猜想和科学的考证。

关于人类的起源问题，现在有两种不同的假说，来自非洲说和多地区进化说。从科学实证的角度来看，令人信服的当属著名的非洲假说。非洲假说断定：人类首先起源于非洲，然后走出非洲，扩散到世界各地。

在人类的知识积累中，大家都知道人是从猿进化来的。有学者认为，人类的进化形态先后经历了南猿、能人、直立人、早期智人、晚期智人和现代人六个阶段。也有人认为，人类的进化形态经历了南猿、能人、直立人和智人四个阶段。在今天的考古发掘中，不论是六种形态还是四种形态，在非洲都有化石证明它的存在，而欧洲、亚洲只有直立人及以后的化石出土，美洲则只发现智人及以后的化石，这有力地解说了非洲假说中的人类进化路线。可以肯定，是直立人走出了非洲，走向了欧亚大陆，然后在智人阶段又踏上了美洲大陆。而我国境内发现的元谋人、蓝田人和北京人化石经考古证明都是直立人。

在这里需要说明的是，至今考古学家还没有发现直立人从事雕刻、绘画和装饰活动的痕迹，这说明直立人还不具备掌握符号的能力。这很重要吗？当然。因为人类的语言是一种符号系统，而且是符号系统中的一种高级系统。不具备掌握符号的能力说明直立人不会语言，更遑论掌握文字。没有语言便没有文化留存，因此，直立人没有文明。

事情发展到公元 1987 年，这一年美国学者 Remecca Cann 和 Mark Stoneking 对全世界 145 个地区现代女性的 mtDNA（线粒体 DNA）进行了分析研究，发现三大人种蒙古人（黄）、尼格罗人（黑）、高加索人（白）有共同的遗传特征，也就是说人类有共同的基因库。因为人体线粒体是以母女相传的方式遗传，证明了全世界的人类有共同的祖先，从学术上说，全世界的人类有一位理论上的女祖宗。对这个结论，人们起了一个美妙的名字——夏娃假说。

夏娃假说认为：人类祖先应是 20 万年前生活在非洲东北部的一个很小的群体——晚期智人小群体发展而为现代人。他们的后裔大约在 13 万年前走出非洲，走向世界。在走向世界的过程中，人类慢慢地在不同的时段和地区学会和掌握了语言。

此学说的理论支撑是 mtDNA 的遗传机理，令人信服且无可置疑。但它将现代人的源头定位在 20 万年前的非洲东北部，从而留下了原先的直立人走出非洲以后到哪里去了的疑问。为了解决这一问题，一个人类两次走出非洲的假说随之产生。该假说认为人类第一次走出非洲是在 200 万年前的直立人阶段，直立人缓慢地走向世界，逐渐演化为智人。但其后可能因为自然的原因或者是被 13 万年前第二次走出非洲的更为强势的现代人取代，并最终消亡。

强势的现代人的重要标志，是他们发明并掌握使用了符号。而符号中对人类发展至关重要的是语言。人类直立行走以后，首先是眼睛有了高度，视野从此扩展，其次是声带抻直而能够发出更多的复杂的声音。当人类将声带发出的不同的声音与不同的意义捆绑之后，真正的交际开始产生，人类由此登上了智慧生物的平台。

如今生活在世界各个地方的人们分别使用着数千种不同的语言。当我们将这些不同的语言按照其中的内在联系归纳为几大语系后，发现这些大的语系之间就再也找不到共同点了。这说明 13 万年前现代人开始走出非洲时还没有掌握语言，语言是现代人在漫长的迁徙过程中，在不同的路线，不同的时间,不同的聚集地产生出来的。

那么,按照这个理论,我们来试着描绘一下中华民族的迁徙路线图。今天,我们习惯地称黄帝为中华民族的"人文始祖",再扩大一些,人们将黄帝和炎帝奉为中华民族的共同祖先,也有人说中华民族的祖先应该是黄帝、炎帝和蚩尤。但不论怎样说,我们只是把历史上溯了五千年。其中透漏的信息告诉我们,从一人扩大到三人,说明中华民族是一个融合的民族。其地理中心是黄河中下游的中原地区,在那里先人们创造了璀璨先进的农业文明,或可称为中原文明。但创造了中原文明的先人们经历了怎样的艰难跋涉,才达到这样的文明境界呢? 沿着历史长河,我们看到了龙山文化、良渚文化、大汶口文化、仰韶文化和河姆渡文化。

再往上溯,则找不到"文化",而只能发现山顶洞人、河套人、柳江人、丁村人,乃至北京人。不称"××文化"而称"××人",说明那时没有高级的社会组织形式。没有高级的社会组织形式,则没有社会分工、没有社会交际。

试想在当时的自然环境下,现代人走出非洲,用以万年计数的时间和种群人口的繁衍慢慢拓展到世界各地。其中的一支最终落足在亚洲东岸的中原地区,这便是我们中华民族的始祖。为了追溯他们的脚步,在下文中,我们以"中华民族的前身"称之。

让我们来推算中华民族的前身的行进路线。可能的话,一条是从非洲的东北部出发,穿过阿拉伯半岛,沿着南亚,一路向太阳升起的东方缓慢迁徙,最后来到亚洲东南部的滇缅高原。那里富庶的土地和良好的气候,为当时的人们提供了丰富的植物性资源,在分工采集辨识食物果实的生存劳作中,人们开始运用声带发出不同的声音来传递信息和情感。这种蕴含了附加内容的声音经过群落的约定俗成,慢慢地形成了原始语言。当时的人们掌握了语言的技能,便如虎添翼,生产发展了,种群扩大了,人们也更具有了向外拓展的胆识和能力。然后再北进到达了土地更富庶、季节更分明的中原地区,在这里人们找到了农业文明的生存宝地,并形成了民族。

另一条可能的路线,也应该是从非洲东北部出发,穿过阿拉伯半岛,沿着中亚,绕过阿尔泰山脉,经过阿尔泰山脉的这一时段人们开始掌握了语言,然后一路向着太阳升起的东方缓慢迁徙,来到了亚洲东岸的北部,这一路上丰美的水草养育了肥硕的食草类动物,人们驯养了这些动物,并最终形成了以游牧为生存方式的北方民族。随着逐水草而居的习性,来到亚洲北部以后,必然是向南折行,目光落在亦农亦牧的中原。

比较两条路线,我们的先人应该是由南而北来到中原的。纵观中华民族的历史也不难得到印证,中华民族以农为本,大多数的朝代更替是无伤民族本性的内部争斗。但自商以降乃至辛亥革命,时时都存在着自南而北的农耕文明与自北而南的游牧文明的冲突。几千年来,这个冲突胶着于长城一线,其间农耕文明以其稳定性和先进性占有着生存优势。

中华民族的文化形成于中原地区,但中华民族的前身的发祥地应该是滇缅高原,因为这是中华民族的前身开始掌握语言的地方。之所以下这个判断,并不是掌握了什么惊人的考古发现。考古发掘只能发现有形的东西,而对于用声音传递的语言,考古是无能为力的,所能借助者,只能是从现存语言和现存语言现象的痕迹去分析推测。

动物用感觉来达到交流的目的。人类在自身发展的过程中,认识着世界,并使世界按人类生活的标准,从无序向有序发展,最终形成文明体系。人类不是依靠简单的个体交流,人类依存社会而存在。因此人类不仅是通过感觉来交流,更能用复杂的符号——语言来进行信息表达和接收。在一个社会群体中,个体的感觉和需求升华为群体的要求,共存共荣,这便是文明与社会。社会要分工,分工产生交际,交际的重要手段是语言,语言在人类社会生活中占支配地位。语言是思想的物质外壳,是社会联结的纽带。

语言产生的物质因素是人类具有了自身身体发出复杂声音的生理机制,语言产生的非物质因素是人类具有了高度有序的社会生活。有序的社会生活必须依靠人与人的沟通交际去组织。这一任务人类最终选择了语言这一声音符号来实现,而这一选择使人类超越了动物的范围成为社会人。语言一旦成为社会人不可或缺的一部分,则必然会横向传播和纵向传承。除非出现灭绝性的灾难,只要有两个以上的人存在于一个时空中,沟通交际是不可避免的。语言不会消亡,但语言会随着人类的迁徙,受周围环境的影响(所谓周围环境包括政治、经济、文化、种姓,甚至包括大自然的天时和地利),语音、语汇和语法既有传承也必然会出现变异,甚至是替代。

正因为语言在社会生活中不可消亡的属性,可以断定,现代人在13万年前走出非洲时还不会说话,否则全世界现存各语种必然会留下原始母语的痕迹,而不至于今天的各大语系各自独立。语言一定是现代人走出非洲后,在漫长的迁徙中,随着社会生活的有序交际而产生的。语言一经产生,便会以其传承的属性而发挥作用,同时也会受周围的影响产生变异。语言学界将同一来源的语言称之为一个语系;同一语系中,产生变异而独立存在的,称之为语族;同一语族中,再产生变异而独立存在的,称之为语支。学者们将语系比之为树干,将语族比之为语系树干上分出的树枝,将语支比之为语族树枝上再分出的细枝,这便是语言学中的语言树。既然是受到周围影响而产生变异,那么愈是变异小的相邻的语族语支,其所在的地理位置也应该是愈近的。

事实也正是如此,在汉藏语系中,分布着汉语族、藏缅语族、苗瑶语族和壮侗语族。在这四大语族中,又分布着下属的三十余种语支。这些语种(除汉语分布较广以外),至今仍大多集中在我国的西南及周边地区,即滇缅高原。

只是由于中华民族的前身在历史长河中的强势发展,汉语种走出了滇缅高原,一路北进东进至中原。也正是汉族的地理分布过广,再加上历史的诸多原因造成的北进南回的往返迁徙,所以汉语从一开始便带有复杂的方言特征。考虑历史和今天诸多汉藏语系语言在云南及周边的集中,应该证明那里是汉藏语系原始母语的发祥地,汉语的源头就在滇缅高原。

滇缅高原优厚的天时地利给聚集在这里的人类以生存的机遇。丰硕的植物果实刺激了良性生产,生产的进步导致了种群的繁衍扩大,扩大的结果自然是派生和迁徙。派生的支脉永远会带有祖源的痕迹,这种痕迹无疑使周边种群语言具有了相似性。汉藏语系的诸语族大都具有多声调和单音节词根,一般使用词序和虚词来表达语法意义,这些共性都表明了语言的同一性。

人类创造了语言,语言塑造了人类。人类掌握了语言,从此便告别了动物而有了思想和社会行为。共同的思想和社会行为就是一种文化、一种文明、一种传统。人类由于语言的不同,展示给外界的文化、文明和传统就不同,于是我们有了民族的称谓。基于此说,滇缅高原这片土地孕育了原始汉语,原始汉语的形成最终标志着中华民族的前身的诞生。中华民族的前身这一种群繁衍着、发展着,依赖着汉语延展壮大着自身的社会,形成我们今天为之自豪的中华民族。

第二讲　中华文化的特征

——守土、务实、线性的思维方式

　　人类的生存方式是由大自然(天时地利)安排的。南方的农耕与北方的游牧,不是人为的选择,天人合一是物竞天择的结果。中原地区四季分明的气候与两条大河中下游的冲积平原,决定了中华民族要依赖土地而生存。植物的规律性生长,使他们在劳作中追求规律、有序、线性、有节奏和稳定的生活。农耕给了他们最充分的物质满足并造就了他们的精神属性。这在人类的上古时期无疑是一种进步的、理想的生存状态。

　　黄河、长江流域有着比滇缅高原更优厚的土地气候资源,是农耕难得的理想地。农耕生产需要秩序和知识,对天象的了解、水利的利用、植物生长属性的把握以及对劳作的领导和分工,是农耕人提高生产力无时无刻不在思考的问题。农耕文明就是在这样的社会生产中形成,而依赖这种文明而生存的中华民族守土和融合的民族属性也随之形成。

　　今日考古学家将中国考古文化分为三大区:以彩陶为主要考古文化特征,以粟作农业为主要经济活动的中原文化区;以鼎为主要考古文化特征,以稻作农业为主要经济活动的东南沿海及南方文化区;以筒型陶瓶为主要考古文化特征，以渔猎为主要经济活动的东北文化区。

这三大区的发展阶段是大体同步的，都以距今 5000 年为界，分为相互对应的两大阶段。前一阶段是以形成个性为主的频繁交汇期，后一阶段是在文化交汇发展的条件下，实现文化共同体最初形成的时期。三大区交汇的重要共同点还在于交汇的导向，即主要不是由中原区向四周放射，而是由四周向中原区聚集。上述学者的论断，说明了中原文化是聚集的结果，是在逐步取得文化认同的过程中实现了中华民族的诞生。而这个民族的核心本质不是血缘传统，而是文化的认同。

5000 年对于中国人来说是一个重要的时间节点。5000 年是中华文明的形成发展历史。之所以下这样的结论，除了考古发掘的物质佐证外，汉语汉字也是重要的证明材料。如果说用文字记载的是信史，那么口口流传的便是传说。中国的传说止于 5000 年，这说明在 5000 年这一时间节点上，汉语发展已经成熟稳固了。因为语言是传说的载体，有了成熟稳固的载体，传说才可能流传下去，文明才可能传承下去。这就是中华文明有 5000 年历史的最好证明。

在中华文明 5000 年发展历史长河中有一条重要的主线——农耕与游牧的冲突。每个文明都有自己生存的理由。当农耕文明利用土地和自己的智慧实现着文化进步的同时，北方游牧民族也凭借着当地特有的天时地利以其合理的生存模式发展着。但游牧民族依赖的是现成的草场而不是固定的土地，当逐水草而居的游牧民族游牧到农耕民族的土地上的时候，冲突是必然的。这是生存形态的竞争，是天生的矛与盾的冲突。商与鬼方的三年战争，在《易经》《诗经》和《竹书纪年》中都有记载，这是中国史书有文字记载的最早记录。其后绵延数千年两种文明间冲突不息，直至近代始告结束。

依赖土地而生存的农耕人，在发展着自身生产力的同时，还要时时处处防御着北方民族的劫掠。这种防御依靠单薄的个体力量是不行的，为了战争必须联合。中原地区的人们在文化认同趋于一统的同时，不得不在抵御外敌的旗帜下走向联盟，其结果是在龙和凤的集合图腾的感召下形成了中华民族。

中华民族是一个融合的民族，她不排斥外族的进入。唐代韩愈在《原道》中说："诸侯用夷礼则夷之，进于中国则中国之。"当代学者任继愈在《天人之际》一书中说得更明白："秦汉统一以前，华夏与夷狄的界限已不大划得清楚，华夏人放弃其传统文化即是夷狄；夷狄接受中原传统文化即是华夏。"中华民族把文化认同看得比种姓血统认同更重要。

当北方民族表现得过于强势的时候，历史上的中原人便不得不向南方后退。这种家族避难式的撤退，相反为南方带来了先进的生产技术和社会文明，而留守北方的人们则用自己的文化优势潜移默化了劫掠者，并最终使他们被同化于中华文明。这便是韩愈所说的："进于中国则中国之。"然而在北方民族不是那么强势的时候，中原人也无意大举北进，因为北方的气候并不适于农耕。在中国这片土地上，这样的冲突和潜移默化，上演重复了几千年，并造就了中华民族灿烂辉煌的文化和博大宽容的胸怀。

中华民族的文明源于土地上的劳作，守土是中华民族的最重要的性征。没有了土地，就没有了中华民族的生存之本，就没有了中华民族的生存方式。

迄今我们能见到的最早的汉字——甲骨文中就有"土"字，土字字形像地面上有物生长。

"土"字再加上有祖先神灵义的"礻"旁，便组成了"社"字。"社"字有两个意义：一为土地之神，《左传》："共工氏有子曰句龙，为后土……后土为社。"一为祭土地神之所，《汉书·孔安国传》："王者封五色土为社，建诸侯，则各割其方色土与之，使立社。"

"社"字在汉语中十分常见。比如"社稷""社日""社会"等。

"社稷"一词是古代中国常用词汇。社、稷，分别为土、谷之神，两字并在一起便是国家政权的标志。儒家经典之一的《周礼》中有言："以血祭祭社稷、五祀、五岳。"由此可见，我们的先人视土地为国家，国家即是土地。

"社日",古代祭祀社神的节日。汉以后,一般用戊日,立春后第五个戊日为春社,立秋后第五个戊日为秋社,统称"社日"。这个民俗节日在我国南方保留较好,鲁迅有一篇著名散文《社戏》,就描写了江南农村举办社日活动的热闹场景。

"社会",现代汉语常用词。此词原指社日举行的赛会,后泛指节日演艺集会,再后则泛指由于共同物质条件而互相联系起来的人群。

以上列举了与"社"有关的一些词语,可见"社"在中国是至关重要的。在古代中国历代统治者每年都要代表祖先和人民在太庙举行社祭大典,而普通老百姓也会以搭台唱社戏的形式搞公众集会。至今在中国大部分的土地上,社祭和社戏都见不到了,城隍庙与土地庙也不再是一方水土必须供奉的神灵,但至今使用频率最多的"社会"一词,其中"社"这一语素的原始痕迹仍然是可以感受到的。

至于中华文化中的精神崇拜"天地君亲师"、中华古典哲学中的阴阳五行"金木水火土",乃至神话传说中的女娲抟土造人等,土,在中华民族的人文起源中占据着十分重要的地位。这些都表明了农耕文明对土地的崇拜和依赖。甚至可以说,没有了土地,便没有了中华文明的一切。中华民族很早就将自己的国家叫作"社稷",就是将土地和粮食当作生存立家的根本。一个农民不能离开土地,"离乡背井"是农耕时期的最大的痛苦。这个词语中,"乡",是家族所在地;"井",是土地,依上古三代古制,八家为一井,中间的一块是社会公田,周边八块分属八家所有。在兵燹频仍或天灾人祸而生活万般无着时,人们才会选择"离乡背井"的下策。20世纪初,中国农村大破产的时候,汉语词汇中出现了"闯关东""走西口""下南洋"和"漂洋过海"来表现人们的无奈。其中的"闯",有对未来的无知和恐惧,不得不自壮其胆。"走",是出走的意思,无奈之情溢于言表。"下",虽然有地理上的上北下南的含义,但心理上的褒贬倾向也是显见的。至于"漂""过"中的漂泊不定,更是令人心中凄楚。

中华民族的守土情愫是令人叹为观止的。理解中华民族,首先从守土的情怀开始,因为土地决定了中华民族的生存方式,因为土地的酬答是实在的。"人糊弄地一天,地糊弄人一年。"中华民族世世代代在土地上经营,深知土地的性情,并由此形成务实的性格。在人类的精神文明史中,中华民族没有贡献出万能的上帝和神灵,他们崇拜天和地。天,是天道,是自然,是自然规律。"天行健,君子以自强不息。"在不变的大自然规律中,人们只要在土地上努力地工作,就会有好的结果。"地势坤,君子以厚德载物。"在天地的感召下,中华民族养成了务实、诚实、勤劳、守信的精神品质。中华民族在北方选择了粟,在南方选择了稻,他们深知顺天者昌、逆天者亡,因时制宜、因地制宜是最聪明的选择。

在世界各民族中,都有过祖先同洪水搏斗的传说和记载,中华民族用鲧和禹父子两代治水的故事告诫后人:我们不是被动地听命于上天,而是在顺天道的前提下,通过自己的刻苦努力和智慧,达到保全自己,发展自身的结果。

这种理智的社会生产态度,转移到社会生活中,便创造出理性务实的社会文明。黄河中下游有节律的四时气候,造就了中华民族四时有序的生活和劳作。在人类各民族中,中华民族最早准确计算出了一年的时间,然后分割为四季,再分割为二十四节气,每个节气也叫节令,那是因为每个节气有其固定的生活和工作内容,这是天道的命令,所以称之为"节令"。《黄帝内经》中提到的中医养生的第一法则:"故智者之养生也,必顺四时而适寒暑。"其中的"顺四时"说的就是这个道理。

作为人类文明的基本形态——语言,汉语也同样形成了务实的属性。汉语不是形态严格的综合语,汉语在现今通用的语法上至今还有很多令学者不能自圆其说的东西。但是汉语却是世界上使用人口最多、传承最广、语义最丰富、表达方式最灵活的一种语言。虽然学者们仍然在讨论着"鸡吃了"这一简单句的歧义问题,但现实生活中哪里会出现没有语境条件的一句话?谁会突兀地说出一句"鸡吃了"去让人们争辩?其实在固定的语境条件下,简简单单的三个音节早已将交际意义表达得清清楚楚。汉语没有综合语的语法形态,使得擅长此道的人们喋喋不休,犹如坐在餐桌前一手拿刀、一手拿叉,面对着豆腐脑儿感慨道:"此道菜不合规则。"而汉语的务实性在于它的简单明了。汉语可以用最经济的语音链条去传递完整的交际信息。汉语是一种解说性的语言,主语是被解说的主体,谓语部分只是对主体的解释说明,这种语言的语法再简单清楚不过了。汉语的这个特征就来源于中华民族的务实精神。

语言的实质是人们用声带发出的不同的声音与不同的意义作约定俗成的捆绑,这样声音便成为一种意义符号,有意义的声音符号再按一定的法则变化排列起来,便构成了有完整意义的一句话,这就是语言。如果听者洞晓对方的声音讯号的意义并用同样的声音符号回答他,这便完成了人与人的沟通交际。这是人类最伟大的发明。

有了语言,人类便有了文明。但语言这种声音符号有着致命的缺陷。语言的物质属性是声音,因此它受时空的严格限制。声带发出的语音转瞬即逝,声带发出的语音,不可能传播太远。人类在创造了语言之后,大约经历了两三万年的时间,才又发明了文字用以突破语音的时空局限。西方语言学家认为,语言是一种符号,是用语音记录意义的一种符号;而文字是用笔画形体记录语言的符号,或者说是符号的符号。但中华民族创造的汉字,它以形会义,似乎与西方语言学家的理论不太吻合。汉字的形义关系似乎超越了与声音的紧密关系而能超然存在。汉字的这种独特的个性应该说也是务实的民族个性造成的。关于这一点,我们在后面还会讲到。

中华民族的主体是农民。农民的生产和生活依赖于经验,经验来源于生产、生活中的务实和至关重要的世代传承。

中华民族十分相信经验。这种生活态度导致这个民族养成尊老爱幼的优秀品质。这种态度也同样反映到语言交际中,汉语词汇中文化的蕴藏量最多的是成语、格言、俗语、谚语和"古人曰"。一句"不听老人言,吃亏在眼前"可以马上结束两代人代沟的争吵。

当然经验也代表了一定意义上的保守。孔子标榜自己"信而好古"，后人追随孔子，当然也承继了"信而好古"的信条。任何事物都有两面性，经验是有用的，但过于依恋经验会使人故步自封，趋于保守。人类古代四大文明中，唯有中华文明一脉相传而不中绝，这与我们的"信而好古"不无关系。

当然文明传承的最主要途径是通过语言文字。五四运动以前，古汉语以其世界语言史上少见的稳定性传承了数千年的文明而功不可没。即便是在今天的现代汉语中，古汉语词语和古汉语语法也是我们今天正在使用的语言中的一个重要的组成部分。在这个问题上，首先应该感谢我们的祖先为我们创造的汉字。汉字虽然历经了几千年的历史，音形义多有变化，但其记录语言的基本功能没有本质的变化。我们今天能看得懂古代文献，得益于汉字丰厚的内存；我们今天能完美准确地用汉字表达现代汉语，也得益于汉字丰厚的内存。汉字在古今汉语流变中起了承前启后的至关重要的作用。汉语汉字能起到这样的作用，得益于中华民族善于学习、善于积累经验的优秀品质，是中华民族使汉语汉字作为承载工具担当了传承中华文明的重要使命。

中华民族在数千年的农耕劳作中，在四时有序的生活规律中，逐渐养成了线性的思维属性。这一属性也最终使我们这个民族有别于其他民族，在世界文化之林中骄傲地独树一帜。

线性思维源起于农耕的作息。日出而作，日落而息，春耕夏耘，秋收冬藏。就是在广袤平面的土地上，我们的先人也要人为地将土地划出垄畦，播种、施肥、除草、保墒、收割，日复一日规律地走在一条线上。这样的劳作使中华民族懂得，凡事要讲规律，讲因果，讲步骤，讲主次，讲道理。

中华民族养成的线性属性，不单单表现在物质生活中，也同样表现在精神领域的各个方面。举世惊叹的中华民族的美术作品，不讲焦点透视、比例和色彩，讲的是线条笔触的灵动和散点透视，随着线条的灵动，勾勒而出的是超越物象的意境，而观赏者将目光游移在一个个透视的散点上，不又构成了一个新的线性的流动吗?

中华民族的音乐,不擅交响和复杂声部、乐器的和声,所长者是丝竹单旋律的独奏。俞伯牙的高山流水、南郭先生的吹竽、浔阳江头的琵琶曲,这些耳熟能详的故事都在告诉我们,我们的先人如何演奏音乐,如何欣赏音乐。即便是现代二胡名曲《江河水》,演出时在舞台上坐满了庞大的伴奏队伍,而真正感动台下中国听众的,还是那一柄简单的二胡宣泄流淌而出的旋律。

中华民族的建筑,不喜欢立体地向高空寻求发展,而是将建筑群体在平面上利用中轴线的规则安排建筑物的主次。这仍然是线性思维的物化表现。不论是至高无上的皇帝居住的宫殿,还是普通民居的几进四合院,抑或是供奉神灵教主的寺庙,只要你走在这个建筑群的中轴线上,那么你就把握住了这组建筑核心的主体。

中华民族历来崇尚政治上的一统。整个国家机器,从皇帝到各级官员,乃至最下等的皂吏,这么多的层级用一条线贯穿下来,运转有序。其所依靠的不是严格的法制体制秩序,而是儒家的思想。儒家用"君君臣臣父父子子"的理念将所有的人线性地排列起来,组成了一个庞大的政治体系。即便是外族侵略或是内部倾轧、农民战争,时隔不久,整个政治机器又会修复如初。人们安于现行排序的心理远比争取权益的动机要强烈得多。

再以哲学思想来说,中华民族很早就将世界万物划分为金木水火土五大种类,但这绝不是机械的分类,金木水火土以相生和相克两条途径线性地循环排列起来,巧妙而令人信服地解说了世界万物生生灭灭的道理。

而让世界各族人民咏叹不已的中国文学,不论是百家论述、历史传记、抒情散文、小说笔记、稗史杂抄,还是诗词曲赋、乐府民歌,其写作脉络不外乎四个字:起—承—转—合。而这四个字一言以蔽之,又不过是时间线索、情感脉络的线性顺序而已。就连老太太给孩子们讲的民间故事,也是"从前有座山,山上有座庙,庙里有个和尚,和尚讲故事"一条线讲下来。

前文讲过儒家的思想如是,道家的"一生二,二生三,三生万物"亦如是,佛教传入中国得以影响深远的"因缘果报"也如是,乃至中华民族崇尚的传宗接代,包括统治者在谈论社稷国家时都会在前面加上"宗庙"二字。林林总总,总之线性思维对于中华民族来说是无处不在的,不胜枚举的。

至于说到记录传承思想的语言文字,汉语汉字更是线性思维的最好佳作。一种语言,语音可能随着时空的推移、社群强势交际的影响而发生变化,词汇也会随着社会生活的变迁而或产生或消隐,唯有语法会像生物体的DNA一样,保留记录着原始痕迹,纵使千万年来或有变化,其大体格局是动摇不了的。汉语,不论是古代汉语还是现代汉语,以语序和虚词表达语法意义始终是不变的。汉语以其固定的语序表达着语法意义而无须通过词形变化,这一简洁的方法固然有不求变的潜在心理,但说到底还是中华民族线性思维的使然。汉语除了有主—谓—宾的固定语序外,句重音在前,句子的核心部分在前、解说部分在后,也是一个重要的语序。当然世界上很多语种都有讲求语序的要求,但像汉语这样千万年来执着不变地用一种方法去交际去沟通,就只能用民族文化心理、用民族思维逻辑去诠释了。

本讲讨论了汉民族的几个典型特征,其落脚点在于说明中华文明的最重要载体之一——汉语汉字之所以是今天这个样子,是这个农业民族的社会生产、社会生活、社会心理和社会文明的积淀而生成的。忽略了这一点,对汉汉文字就只能做形而上的评判了。

第三讲　汉语的特征

——汉语为汉民族的生存而存在

汉语为汉民族的生存而存在。

生存需要工具,工具是为使用工具的人而被创造发明的,工具的发展和改进又会推动使用者向更高层面发展。语言是一种特殊的工具。人类在摸索使用了数万年的物体工具的过程中,终于把握了符号的意义和使用价值。语言便是诸多符号中最奇妙的一种,它使人类告别了蒙昧而走向文明。因为语言,人类成为万物之灵,这有别于动物的一切,被我们今人称之为"文明"。从此,人生活在社会实践之中,生活在语言实践之中。也就是说,只有人才有了世间的语言,而只有语言的存在才使人成为人。

人类一般以血缘和文明形式划分民族,民族的重要标志之一是语种。汉语为中华民族所拥有,汉语为中华民族的文明发展做出了卓越的贡献。至此,让我们简要回顾一下中华民族与汉语之间不可分割的关系。

滇缅高原诞生了中华民族的始祖——汉祖,汉祖的出现以掌握了原始汉语为标志。原始汉语出现在滇缅高原的重要理据,是滇缅高原这一地理范畴麇集了汉藏语系的全部语种。虽然汉语在中原地区获得了长足的发展,但中原的北缘——长城一线,却是与阿尔泰诸语种相拒的锋线。这说明中原只能是汉藏语系地理范畴的北部边缘而不是中心。

虽然中华民族以中原为文化地理中心,但其原始图腾——龙,以及诸多传说中的蛇形象的出现,包括伏羲、女娲的人面蛇身,这些对爬行动物的崇拜和敬畏,都映射着中华民族的起始时期应该是在湿热的亚热带地区。古代书籍中记载着上古时期人们的问候语"无它(蛇)乎?"以及汉字中大量的蛇形象(它、也、己、已、巳、龍、虫、蟲……)或单独成字,或以组字部件的形式与其他部件构成合体字。种种迹象表明,中华民族的先祖是带着原始汉语这一当时极为先进、文明的工具,走出滇缅高原,向北、向东,最后再以集大成的方式汇集在中原。在迁徙行进的过程中,在汇集中原的过程中,原先生活中的身边事物逐渐演化为神圣的图腾和传说。

汉藏语系的原始语产生在滇缅高原。汉语与其他汉藏语系中的诸语处于同一发展层面。汉语与其他汉藏语分布面积的不对等,是汉民族历史活动的复杂性所致。至于文字形式的不同,那是语言产生数万年之后的各自不同选择罢了。

因为汉民族历史活动的复杂,汉语的发展轨迹也呈现复杂的现象。中华民族的历史,简单地说,可以分为传说和信史两大阶段。传说依赖口语传承,信史则依靠文字记载。诚如上言,汉字是汉语使用数万年后才问世的,因此,后世学者对原始汉语的讨论也只能是借助对间接物证的推理而后去猜测和设想。

一般学者对汉语史的断代界定,仅止于以下四个阶段:

(1)原始汉语:上古三代以前及三代;

(2)上古汉语:周之春秋战国与秦汉;

(3)中古汉语:唐宋时期;

(4)近、现代汉语:元及以后。

上述断代对各汉语时期的界定过于笼统,这也是语言学者的无奈实情。

汉语有其独特的发展历史，了解汉语的发展轨迹就不能不考虑汉民族的历史脉络。

任何语言的发展都只能是由简单走向复杂。包括音素的构成、构词音位搭配的规律和句调特征的汉语语音体系也同样走的是这条道路。

原始汉语阶段，汉祖以其务实的属性，用最简单的音系结构去组织应对声音和意义的组合。这不需要什么理论解释，一切事物的开端都应该是最简单的。汉祖阶段就是中华民族的幼年时期，生活是简单的，劳作是简单的，需要应对认识的事物也相应是简单的。当时人所能发出的简单声音足够匹配需要表达的交际意义。

语言三要素除语音外，还有语汇和语法。原始汉语时期汉祖掌握的语音是简单的，汉祖需要表达的意义也是简单的。因此，单音词无疑应该在语汇中占绝大多数。甚至可以这样断定，一个单音词足以表达需要交际的全部意义，也就是今天我们所谓的独词句。

当然，原始汉语阶段是漫长的。上古三代已进入奴隶社会时期，文化中心会随着统治者的所在而建立，语音、语汇和语法都会随着社会生活的丰富而产生变化。夏商的政治文化中心在河南，为了统治和交流的方便，河南以政治文化中心地区的原因使当地的语言成为标准语音和标准语汇。标准语音和标准语汇理应建立在文化变动的焦点上。周祖在邠（陕西）建都镐京，东周迁洛邑又回到河南。汉语的标准音和语汇第一次以河南—陕西—河南的路线作了回归。此时，语音会有变化，数量不多的复音词（如表达一个意义而发音部位有某些关联的联绵词）的出现也是历史的必然。当独词句不足以表达全部交际意义时，简单句也会应运而生。但无论怎样，汉语言包括文字仍处于发展的幼年少年时期。

这样，我们可以总结说，原始汉语，音系结构是简单的，单音词在全部词汇中占绝对优势，在表达手段上，独词句和简单句是唯一形式。

春秋秦汉时期，中华文明进入了第一个文明辉煌发展的时期。金属工具的广泛使用,使生产力获得了长足的进步。经济基础的富足必然导致上层建筑的相应发展。封建社会的建立,使社会的阶级划分趋于复杂。"士"阶层的出现,是中华民族整体发展的一个亮点,士以使用语言文字为生活手段,在自己谋生的同时,奠定了中华民族思想宝库最坚实的基础,反过来也使汉语言文字的发展达到了一个令人仰视的高度。可以说,从文化发展的角度来看,对中华民族的士阶层做多么高的评价都是不为过的。春秋时期以儒、墨、道、法等显学为首的百家争鸣,汉初以刘向、刘歆父子为首的复兴文化以及后来的经学兴起,使汉语言文字进入上古汉语的大发展时期。

理论上说,人的发音生理机制是有限的,人所能发出的单音节声音必然是有限的。当人的社会生活趋于复杂,交际内容日趋复杂时,简单的单音节明显是不够的。此时的出路只有两条:一是大量的同音词存在,二是音节结构趋于复杂。上古汉语时期,这两种情况都出现了。一方面同音词大量出现,并因此而导致汉字的假借的大量使用;另一方面汉语音节结构趋向复杂,音调的出现是一个好办法,增加辅音韵尾也是一个可行的好办法。

再有由于负载春秋秦汉这一历史舞台的地理面积过于广阔,且已经出现了大集团范围人员流动的国家行为,如分封造成的家族迁徙,军队的调动(秦五十万军队入粤),以及政治中心的多次迁移,使这一时期的汉语出现了"雅言"和诸多方言的区别。这些都造成汉语音节结构向比较复杂的方向发展。

值得提出的是,上古汉语时期,文字被掌握在特定的人群中。这些人在驾驭使用汉字时,由于师承和使用者个人的偏好,文言书面语形成了规模和模式。又由于文字使用群体的封闭性,以汉字为载体的文言书面语与汉语口语产生了很大的差别,甚至可以在某种意义上说,此时的汉语口语(白话)和文言书面语已成为两种并行的交际方式。今天我们审视春秋秦汉的典籍文章,可以看到上古汉语语汇以单音词为主体,语法以单层次句占优势。

唐宋时期属中古汉语阶段,此阶段汉语发生了很多变化。首先是东汉末年、三国两晋时期,政治的混乱大大削弱了统治秩序。这一背景使北方诸多少数民族趁势崛起。西晋北人入关，民族生活区域交错，使语言相互吸收和改造，汉语语音和词汇发生很大变化。东晋南迁，使文化中心由过去的河南—陕西的轮回交替，出现了向南转移的趋向。南迁的结果，一方面形成了汉语南方的六大方言区（吴、闽、粤、湘、赣和客家），另一方面也使中心区的语言受到很大冲击。

汉语方言的形成与中国历史上的移民史有密切关系，语言分化为地域方言是从移民开始的。军事、政治、家族机遇，从原住地移往外地的居民由于山川地理的阻隔形成了独立或半独立的生活群体，新的环境，新的事物以及原住居民的语言，都会给通用语带来新的成分，语言中的某些不适用成分又被淘汰，久而久之，语言随使用者的分离而产生分化，被分化的语言固定使用在一定地区即被称之为方言。

当然，方言的产生绝不是一次简单的家族迁徙就可完成。以吴方言为例，首先是在江南地区由原住民使用原住民语言，这些原住民也应该是由滇缅高原历经长年迁徙而来的操原始汉语的汉祖的后裔。其后，周初时期，周太王之子太伯、仲雍，因避太王欲立幼子季历之祸而率家族迁居江南，太伯成为当地君长，死后仲雍继之，是为吴国。此时吴国的语言应该是由陕西的雅言和原住地语言混合而成。陕西的雅言和原住地语言因为有共同的语源——原始汉语，所以有融合的基础。东晋南迁后大批贵族渡过长江涌入江南。这些贵族凭借着氏族集团的强大和政治文化的优势，一下子成为江南地区的主人，他们的语言以其文化优势，吸收、淘汰、融合、改造着当地语言，最终形成了吴方言。可见语言的形成是由这个地区的人们的生存状态造成的。当然吴方言产生后并不是一成不变的，在其后的历史中，人们继续从江南地区向外迁徙，而后慢慢形成湘、赣、闽南方言。在吴、湘、赣、闽南四个方言区中，吴语区应该是相对的中心地区，其他为相对边缘区。中心地区因为政治、经济、文化的频繁交流，语言自然会受到影响而发生变化，相对来说边缘区的变化自然会少，并保留早期特征较多。这样，吴与其他地区的语言差异又产生了。

历史进入唐宋时期，唐朝的政治经济乃至文化的强大，统治集团内含的北方少数民族血统以及唐朝人所特有的开放宽容的国人性格，种种原因造成了唐朝是一个流动频繁、善于交流、善于吸收、善于传播的国家。这种状况无疑对语言的变异产生巨大的影响。而两宋又是与唐朝完全相反的被动局面，辽、西夏、金等北方少数民族国家的兴起，一方面是军事上的频繁冲突，一方面是南北人民不可阻挡的交流往来。尤其南宋时期，不仅中原地区与前大有不同，南方又受到汉族的南下冲击。至此，中古汉语已呈现与上古汉语迥然不同的变化。

中古汉语不仅在语音结构上比上古汉语要复杂，而且由于北方少数民族语言的进入和社会生活的复杂性，词汇中的复音词也逐渐增多。还有一个值得讨论的问题是，中国自隋朝建立科举考试制度以来，历经唐宋的实践，在读书人中已经形成读书为仕途的不变信念。在国家政策的驱使下，读书人以策论、议论散文的写作作为主攻方向，其他的文学创作只是消遣而已。为了能表达更复杂的思想内容，为了在逻辑上更胜一筹，书面语中多层次句大量出现，加之一批有影响的散文大家的出现，文言书面语形成了特定的模式。这种模式除了在行文上仍然强调起承转合的线性脉络外，语法上更强调了虚词的作用，从而使复句和多层次的复句的使用成为时代的主流。

汉语史以元及以后为近、现代汉语时期。这一时期，中国历经了两次长时间的少数民族的专制统治和一次改变中国命运的大革命。两次少数民族统治的情况与历史上的犬戎灭西周、匈奴骚扰、北朝的出现、五胡十六国和辽、西夏、金种种情况大有不同。以上所列仅只是北方部分地区受到侵扰，而元、清两个朝代，政治的专制和文化上的强制登峰造极而且是全面的。这两个朝代极大程度上改变了汉语。

蒙古族和以后的满族作为统治阶级，其政治权势上的优势是显见的。阿尔泰语、通古斯语的音系构成较汉语相对简单，这不能不影响到汉语的语音结构，其结果使汉语的音系结构逐渐简化。且此时的词汇也逐渐进步到复音词为主的状况,中古汉语中大量的入声字在组成复音词时,元音后面的辅音韵尾成为音节连读时的发音障碍,结果是除了两个鼻辅音外,其他的辅音韵尾都消失了,这就是所谓的"入派三声"。

元明清三代以北京为首都,政治、经济、文化的中心七百年没有发生迁移,这种地理上的稳定状况历史上也是少见的。北方方言以官话、国语的形式固定下来,这对于汉语的规范化起了很好的作用。

20世纪以来,中国发生了天翻地覆的变化。推翻帝制后,最先使中国大地发生变化的新文化运动发生了。新文化运动以摧枯拉朽之势结束了古文书面语的历史使命,使汉字向记录现代汉语口语的方向跨进了一大步。这是革命性的变化,它使得汉字自诞生之日起第一次真正地来到了大众的手中而成为人民的交际工具。

除了上述的大事件外,清末马建忠《马氏文通》的问世也对现代汉语的形成和完善起了重要的引路作用。《马氏文通》套用西语文法来解说汉语,客观地说是功不可没的。但西语和汉语是两种性质完全不同的语言,这就犹如用刀叉去解决中餐,虽然可敷使用,但总会有不如意的地方。《马氏文通》用字指词,就有明显的不妥之处。然而西学东渐是当时的时代潮流。其后出现的一批批学者无出其右,继续以西方语言学为圭臬,不仅形成了今天所能见到的现代汉语语法理论,而且在现代汉语语用中,还出现了"他""她""它"之分和"的""地""得"之用。这说明孤立语的汉语除了词汇上吸收了大量的外来语借词外,还吸收借鉴了综合语的一些语法手段。这使得现代汉语除了音系结构简化了以外,语汇和语法都比历史上的汉语有了难以比拟的发展。

以上是汉语主流发展的脉络。在讨论汉语主流发展的同时,移民也应该重重地说一笔。移民历来是语言变异的一个重要因素。历史上的移民,有的是以改朝换代新京城确立后的人员趋附,造成了新标准语的确立。如上古三代时期,禹受封为夏伯,封地在豫州之南(今河南禹县)。商在河南南部,后迁安阳。大体而言,夏商的政治文化中心在河南,当时的汉语标准语——雅言当以河南语为基础。标准语应在社会变动的焦点上,社会交际的集中,总会造成语言的演变,因而焦点地区的语言演变总会先行一步,而远离中心的地区则相对保守,或反而能保留早期的一些基本语言。

西周迁都镐京,政治文化中心迁至陕西。东周躲避犬戎迁都洛邑,文化中心又回到河南。官方语言又向河南语靠拢,这是第一次语言回归。《诗经》305首大部分作于东周时期,十五国风有2/3地理位置在河南,即河南语占主流。清代学者整理上古音系,主要是依靠《诗经》《楚辞》(楚地也包括河南的一部分),因此整理出的上古音系其实是河南音系。

其后,从秦、西汉的长安到东汉、西晋的洛阳,这是第二次语言回归。

从隋、唐的长安到北宋的开封,是第三次语言回归。

这样上古到中古的汉语标准语,应以河南与陕西的语言为基础。

元、明、清政治经济文化重心的北移,以及中华人民共和国定都北京,最终形成了我们今天以北京语音为标准音的汉语语音。

此外,历史上的移民,还以家族形式或因兵燹祸乱、或因分封升迁,群体迁移外地,其结果可能造成方言或次方言的出现。如上文所举吴方言及湘、赣、闽南方言的形成即是此例。这些迁徙家族的后裔会因为生活问题而成"墨渍"式的蔓延,从而形成方言的扩散和与周边方言的混合。吴语由北向南的渐变型分布表明汉人在东汉三国以后逐步向南蔓延式移民的过程。

中国历史上的移民还有重要的一支,那就是历朝历代的军队的戍边屯垦。较为明显的有:秦五十万军队入粤奠定了粤方言的基础。广西、贵州、云南地方方言"蛙跳"型的分布,是明朝军队平定云贵之后驻军设置兵屯的后续"墨渍"式移民的结果。天津的情况更为典型,明初燕王扫北及夺到皇位定都北京后,强迫有权势的大户人家北迁,并在天津设卫。这些军队多是随朱元璋起事的安徽籍农民。后来,晚清李鸿章又从安徽带来淮军,这些军人连同随军家属在天津定居下来,也成了天津人的一个重要组成成分。这两大股南方人的源头构成了天津人的主体,并形成与周围河北界限分明、迥然不同的天津方言。语言学家形象地把这种情况概括为"方言岛"。

最后提到的移民是，20 世纪前 50 年，由于政局的混乱和农村的破产，山东人、河北人占据式的向东北移民——闯关东，从而造成北方方言大面积的一致性。这一次移民不同于历史上有组织的移民，而是以农民家庭个体的形式散点式地分布到中国整个东北地区，因此没有形成"方言岛"和小方言区，而是起到了北方方言的普及效果。

上文我们将汉语按历史脉搏划分为原始汉语、上古汉语、中古汉语和近、现代汉语。但抛开历史阶段来说，汉语的一般性特征是一脉相承的。

首先，单音词是原始汉语、上古汉语、中古汉语语汇的主体，只是在近现代汉语中复音词逐渐占据了语汇的主体地位。即便是今天复音词成为现代汉语语汇的主体，但构成汉语复音词的依然是单音节语素，而这些单音节语素中的绝大部分就是我们的先人们在历史中使用的单音节词。单音节词在历史中的出现是有其必然性的。语言在早期形成时期，必然是用最简单的单音节去表达意义。但人类囿于声带机理的局限，能发出的清晰的、有区别的单音节是有数的。当单音节不敷使用的时候，中华民族的先人先是找到了一个绝好的办法——用声调的变化去增加区别意义的选项，以后又创造了以形别义的汉字解决了同音的困扰。近、现代汉语时期，社会生活愈来愈复杂，单音节词在区别意义方面，在口语交际的时候终有其捉襟见肘之困，此时，复音词必然会应运而生。有意思的是，汉语的复音词是利用古汉语的单音词，将其身份转化为单音语素，选择有用的语素义项，通过意义组合的方式而形成。这种方法，不仅衔接了古今汉语，而且极大地简化了汉语词汇的构成，使我们使用 3500 左右的汉字即能完成一般语汇的组合和使用。

原始汉语时期是漫长的。学者推断现代人大约在 13 万年前走出非洲，大约在 6 万年以前来到东南亚——滇缅高原，大约在 4 万年以前产生、掌握了语言，其后走向东亚。而中华民族文字的产生则要晚得多。目前所能见到的成熟文字是商代武丁时期（3200 年前）的甲骨文，之所以能见到甲骨文，完全是由于龟甲牛骨这种东西出土的偶然性。可以断定的是,在甲骨文之前肯定还应有比甲骨文更早的文字雏形。但我们就以甲骨文为例,从目前所见的卜辞内容来看,当时的语言使用单音词是铁定的事实。这说明历史走到三千年前的时候,我们的祖先使用具有声调特征的单音节词去交际是足敷使用的。社会交际的实际内容与语言符号所能承载的意义是基本匹配的。

汉语言文字极度膨胀发展是在春秋秦汉时期和古代书面语已臻完美的唐宋时期。这两个时期汉语语汇中单音节词也仍然是语言表达的主体。说它是主体,是因为汉语语汇中无论是上古还是中古时期,复音词都是有的。但这些复音词有很大比例是民族融合后吸收的外来语借词。

语言是由社会的人创造出来的。社会的人又因文明因素的不同而形成民族。民族一经产生就不会是一成不变的,中国历史由上古到近代,历经了五次大的民族融合。

这五次融合分别为:

(1)春秋战国时期;

(2)魏晋南北朝时期;

(3)宋、辽、西夏、金时期;

(4)元朝时期;

(5)清朝时期。

这五次民族融合的历史也就是汉民族形成的过程。其中前三个时期,正是汉字形成规模型大发展的时期。中国的地域广袤和历史发展的波澜壮阔,提供了汉语言文字创造发展的大舞台。汉民族不是纯粹的血缘民族,历史上曾经活跃过的很多的民族都不复存在了,但其语言印记或多或少留在汉语中。至今可以在现代汉语词汇中可以追溯语源的,如蒙语的"胡同"、满语的"棒""德合勒"。也有语源难以追溯的,如地名的"邯郸""敕勒""崆峒""洪洞""滹沱",人名如"百里奚""万俟卨"等。

除此以外,因历史上的文化交流而使汉语词汇系统发生大的"涨落"也有四次。

第一次是春秋战国时期，中原人与周边民族的语言已有很大的差异。《左传》有言："我诸戎饮食衣服，不与华同，贽币不同，言语不达。"史书记载，楚国使者出使越国，越是东南诸族群中与中原人关系最密切的，但越人拥楫而歌，楚人需翻译才能理解。在这之后，历经几百年的各国之间的会盟、战争、吞并、交流，中原人与周边民族日益融合，语言也经历了巨大的能量交换后，融合了蛮夷戎狄的语言，形成了统一语。尤其是秦朝的统一，有了书同文，才有了行同伦，有了共同的伦理文化，汉民族才告形成。在此过程中，秦的书同文——汉字的规范统一，起了居功至伟的作用。

春秋战国时期汉语系统的第一次涨落的特点就是排挤、替代了各少数民族的语言，从而形成了汉语，并在汉字的巩固下延续至今。

第二次是在汉代的武帝时期及以后，其时汉与北方及西北各民族交往密切，丝绸之路的开通，使者往来，商贾贸易，大量的西域语汇进入汉语，使汉语音译外来词比例大幅攀升。

如匈奴语"橐他"：骆驼（见《史记》），"焉支"：胭脂（见《史记》）。

如西域民族语："苜蓿"：一种牧草（见《史记》），"蒲桃"：葡萄（见《史记》），"酋长"：部落首领（见《汉书》），"师子"：狮子（见《后汉书》），"石榴"（见《博物志》），"琉璃"（见《汉书》）。

如梵语："圣木曼克"（见《山海经》），"膜拜"（见《穆天子传》），"琅琊"（见《管子》）。

如南洋民族语："槟榔"：西域传入（见《上林赋》）。

可见汉代文化交往的规模是空前的。这一点从译音的不一致也可以看得出来，如"胭脂""焉支""燕支""燕脂""捻支"，"苜蓿""牧蓿""木粟""目蓿"。

第三次的能量交换是东汉到唐末的数百年间。随着佛教的传入，大量佛教经典被译为汉语。东汉初期，佛教语汇已见于皇家公文，据《后汉书》记载，汉明帝的一条批复云："王诵黄老之微言，上浮屠之仁慈。清斋三日，与神为誓,何嫌何疑,尚有悔吝,其还赎以助伊薄塞、桑门之盛馔。"其中浮屠、伊薄塞、桑门等都是佛教用语。

佛教传入初期,佛经多为外国僧人主译,由于外僧对汉语掌握得并不好,或偏于直译,经文或偏于意译。魏晋时期,基于统治者提倡,佛经翻译数量猛增,通常多人合作,通梵文的口宣,通汉语的笔受,再加以校订之人,译文汉化,文辞优美。隋唐时期,中国佛教走上独立之路,出现大量汉族僧人自己译注佛经,阐发佛学著作。佛教词语汉化到了极高水平,梵语语言成分大量涌入汉语词汇体系,汉语语汇第一次有了抽象概括的能力。

佛教是允许争辩的,一些流派采用思辨的手段,把人引向信仰主义。这种做法适应了中国文人的"正名"与"争鸣"的传统,有研究中国古代哲学的人感到两晋南北朝至隋唐五代时期的哲学史基本上是佛学在中国的发展。至于后来的宋明理学,在很大程度上也是受了华严宗、禅宗理论的刺激而产生的。晚清时期,中国知识界研究佛学又成为一时风气,一些民主思想启蒙者,如谭嗣同、康有为、梁启超、章太炎等,都采用佛教中一部分教理作为他们的思想武器,甚至马克思主义活动家瞿秋白同志的早年时期,也受过佛教影响。他曾说过:"无常的社会观、菩萨行的人生观引导我走上革命道路。"佛教文化对中国古代思想文化的影响是巨大的,但除了安世高等有数的外国僧人外,中国佛学研究的队伍基本是中国本土的僧人和有佛学思想的中国文人。这些人在发展中国佛学的同时,在汉语言文学的发展上也居功至伟。原来守土、实际、以农为本的汉民族变得抽象善辩。这其中除了佛教词语的引入,还给中国文学带来了新的意境、新的文体、新的命意遣词的方法。晋唐小说和陶渊明、王维、白居易、王安石、苏轼等大家的文学创作,变文、平话、小说、戏曲的俗文学的昌盛,以及禅师们的谈话语录,都是最好的解说证明。

第四次涨落是明清至五四运动前后,明末清初和清末,中国出现了两次西学东渐,西方社会科学和自然科学陆续传入中国,大量西方语言被汉语吸收,使汉语也出现了欧化的特征。此时汉语吸收了大量的英、日、法、德语的有关哲学、政治、经济、科学、文学上的名词术语。这些词以意译为主，使汉语进入现代化时期。

语言学家王力说："佛教词汇的输入中国，在历史上算是一件大事。但是比起西洋词汇的输入，那就要差千百倍。"

在汉语语汇几次涨落的过程中，需要特别提出的是中日文化交流现象。7世纪初至9世纪末，日本14次派遣使节、留学生、留学僧来华学习，这肯定对双边语言带来扰动。但由于唐、日双边的经济、文化落差较大，日语对汉语的扰动几乎为零，但汉语的大量语词与汉字被借入日本，使日语产生了一次强大的涨落。

但到清末民初，汉语吸收西方文化和语言之际，日语也以强烈的冲击力作用于汉语。此一时期，汉语从日语中吸收了大量的借词。这些日语借词原是日语利用汉字和古汉语词音译或意译西方词语的，明显带有中古汉语的"胎记"。

早期中国留学以赴日居多，日语借词给中国学者的翻译、理解和语用，带来很大的方便。中国的留学人员原封不动地将这些搬回国内，省力又讨好。比如"科学""民主"一类的日语借词，完全与今日现代汉语造词法吻合，不会有陌生感。但也有日语借词赋予原汉字词没有的新义的，如"性"，古汉语中原本没有"性别"的意义，是日语在音译英语（sex）时选择了这一汉字，从而在日语中日本汉字"性"有了"性别"的义项，而现代汉语再将这一新的意义借用过来，从而使这一古老的汉字又多了一个义项。

诚如上文所言，现代汉语语汇已经是复音词作为主体了，但历史上单音词使用了几万年，且现代汉语构成复音词的也还是单音节的语素，因此对于汉语单音节词和单音节语素的研究，不仅是必要的，而且是时下急切要做的事情。

作为人类的一种语言，汉语与其他语言的音素没有太大的不同，但汉语的音节构成却有其独特的个性。汉语在很长的历史时期中，以单音词作为语汇的主体，汉字也随之被创造为单音节的音节文字。这一独特的发展道路，必然会形成汉语语音的独特性和汉字字音的独特性。

本书开篇就讲过，汉民族以农业为本并随之形成了线性的思维模式。这一思维模式是中华民族一切行为的根荄。正如线性的时间也会有时令的间隔、线性的空间也会有此一处彼一处的间隔，汉语同样也形成了自己独特的声音语流的节律。这种节律的主要特征表现在每一个单音节词的声音长度是大体一样的，再加上单音节词之间的词距间隔，从而使语流富有顿挫的语感。它使中国的古代文学，不论是诗歌还是散文都长于诵读。

问题是，汉语每一个单音词的声音长度是大体一样的，但每一个单音词的音素构成是不同的。如"啊"由一个音素构成，"敖"由两个音素构成，"邀"由三个音素构成，"标"由四个音素构成。音素数目不同而音节长度又大致一样，这就造成了不同音节中的音素长度是不同的，而且一个音节内的音素长度也不是等分的。

如："啊"一个完整的 a 音长度。"敖"由 a 和 o 共组一个音节长度，但 a 长，o 短。"邀"由 i、a、o 三个音素共组一个音节长度，i 短，a 长，o 短。"标"由 b、i、a、o 四个音素组成一个音节长度，b 仅具口型而没有发声长度，i 短，a 长，o 短。

上面四例中可以看出，每一个音节中总有一个音素的发声相对是长的，而这个音素也正是调号位置所在。知道其中不等分的道理，便不难理解外国人初学汉语时的洋腔洋调，其实不过是将汉语音节中的音素等分发声而已。而这正是汉语语音与其他语种语音的重要区别之一。

汉语属汉藏语系，汉藏语系的一个重要特点是多声调。多声调给汉语带来了抑扬的音乐语感，多声调的重要价值还在于区别意义，但多声调也给发声带来一定的麻烦。上文谈到，汉语每一个单音词的发声长度大致是一样的，为了解决这个问题，在语用中汉语音节中的一些音素被人为缩短了，这还不够，在近、现代汉语中还忽略省掉了大部分辅音韵尾以突出元音。个别声调如上声的调值(214)的曲折而造成了音节长度的增加,因此在近现代汉语中出现了缩短三声为半三声的变调现象。在一个双音节词中,第三声音节后面是一声、二声、四声或轻声音节时,前面的三声音节读作前半三声,即只读三声音节的前半下降部分,并马上接读下面的音节;而两个三声音节连读时,前一个读若第二声。此外还有"一""七""八""不"的变调现象,本文不一一详解。其道理全在缩短音节以使语流流畅。在现代汉语中,复音词的使用要求言语者在语流节奏上考虑词的连读,从而使一个音节的读音要和下一个音节的读音连起来作为一个整体考虑。

因为单音结构的原因,汉语语流节奏感强,元音响亮,富于音乐感。中国古今文学的发达与汉语音节响亮的特征有关。现代汉语计有辅音声母 23 个,元音韵母 37 个,声母和韵母可拼合 408 个音节,再辅以声调,总计可得 1180 余音节。近、现代汉语"平分阴阳""入派三声",不仅简化了发音难度,而且使汉语语流更加流畅,发音更加响亮。特别是古汉语词汇的单音属性,使语言增添了很多数学节律的变数,平添了很多修辞手法,再加上汉字的以形会意,遂使汉语成为极富文学色彩的一种语言。如唐代诗人杜甫的诗句:"两个黄鹂鸣翠柳,一行白鹭上青天。"两句诗 14 字,平仄工整,对仗完美,韵律和谐,抑昂有致,有声有色,有动有静,有景有情,堪称完美。像这样的文学表达,恐怕世界上其他语种难出其右。

但汉语只能发出一千多个音节,对于交际语言来说,这一千多个音节是远远不敷使用的,于是音同义异的同音词便大量出现。汉语词的同音问题,既令人蹙额,也使人解颐。汉语词的同音问题是客观存在的,为避开同音造成的误解,口语交际时需借助语境的暗示或多费口舌去解释。书面语由于可以选择不同的以形别义的汉字,同音的问题倒不见得多么重要。令人觉得有趣的是,同音词的问题却造就了汉语的谐音修辞。

汉语的谐音修辞,丰富了中国文学的修辞表达方法。如唐代诗人刘禹锡《竹枝词》:"东边日出西边雨,道是无晴却有晴。"将东方人表达爱情的含蓄细腻的情致刻画得淋漓尽致。不仅如此,谐音还走进了大众的日常生活,几成为汉民俗生活的不可或缺的成分。比如蝙蝠这样一种丑陋的动物,几乎世界上绝大多数民族都会讨厌它。但在中国只因"蝠"与"福"谐音,于是蝙蝠成为一种吉祥物出现在民俗的装饰图案中,只是此时的蝙蝠不再是丑陋可怖的动物,而是夸张变形为象征形象的图案。

在中国民俗语言中,以谐音为主要修辞形式的歇后语一直受到人民大众的喜爱。尤其在北方方言中,歇后语几乎无处不在。像"小葱拌豆腐——一清(青)二白""绱鞋不用锥子——真(针)好"。这类歇后语中,老百姓的生活情趣跃然纸上,呼之欲出,是文学语言的上乘之作。当年延安时期,毛泽东约见斯诺。毛泽东曾风趣地说自己是"和尚打雨伞——无法(发)无天"。可惜美国人斯诺无法理解汉语的奥妙,曲解为毛泽东自比为拿着雨伞走天下的云游和尚。其风马牛何止十万八千里!

中华民族的农耕生活养就了民族的线性思维属性,这种属性又反过来作用于民族的一切行为。在语言的创造过程中,汉祖按照大自然的即后人所谓"道生一,一生二,二生三,三生万物"的有序规则,从大到小、从主到次、从行为主体到诠释解说地排列交际语句的顺序。这种语句的排列顺序符合汉民族认识事物的线性属性,从而构成汉语言的法则——讲求语序的汉语语法。

而后期在汉字的创造和使用中,以形会意的汉字本身形体的固定性,又再一次强化了汉语的语法特征:只要语序不要词形变化。

文字出现以前的语言情状已无从考据。但从商代铜器铭文的简约,如"子孙永享"等句子看,成文是简单的,语序与今天的汉语是一样的。再从甲骨卜辞来看,最短的句子两个字,最长的句子七八个字。典型的主谓宾语序已成为标准句型,如"王征夷方""土方征于我东鄙"。一些线性的复杂句子也有出现,如并列句:"癸巳卜,丁酉雨,己雨,庚亦雨。"连动句:"覃往畋不来归,二月。"

西周是铜器铭文的鼎盛时期,其中长篇铭文有多达数百字者,如《毛公鼎》498字,《大盂鼎》291字。但基本句型仍如卜辞那样都是简单单句。一直到春秋战国时期的诸子百家及《春秋》《左传》等历史散文,不论文章长短,也都是以简单句为文法特征。

上古汉语语汇以单音词为主体,语法以单层次句占优势。这种状况一直到佛教传入中国才有改变。佛教,这种外来文化伴随着外语——梵文一并传入中国。梵文的传入,引发中国的学者注意到语音音节的可分性,在此启发下,隋朝陆法言第一次用反切法编纂《切韵》。这是古汉语语音学的一次飞跃性的进步。此外佛教以其思辨哲学的特征,引导了中国学者在语言表述上由上古汉语的具象陈述发展出中古汉语的抽象概括的能力。在佛学盛行的南北朝和隋唐五代时期,社会流行论辩谈禅,其实际效果使汉语的句子组织得更严密,过去需要重言叠句才能表达的句子,现在可以整合为一个逻辑关系严密的长句来一言以蔽之。此风延续下去,便是宋代书院的盛行,儒教理学关于理气和知行的辩论,以及科举考试的硬性要求,使汉语言文字的表达,一改上古汉语短句的传统,而使多层次句成为语言文章的主流。

汉语自元以后受到极大的冲击,除了语音的变异和复音词成为语汇主体以外,语法也有很大的变化。尤其是清代考据风起,以及西学东渐的冲击,西方语言的词汇系统、词法系统、句法系统被当作科学而被汉语吸收,从而使汉语语法也出现欧化特征。前文曾引用过王力先生关于西方语言词汇对汉语影响的评价,其实在汉语语法上出现的变化一点也不比语汇方面的冲击要小。现代汉语句法结构大大延长,各种表达方式的引入,使现代汉语语言系统出现了全新的、有序的、多样化的面貌。

汉语历经数万年的产生、发展和演变,已经成为今天世界上使用人口最多、影响巨大的一种语言。但汉语自古至今始终保留了自己的传统,不管汉语的语音和汉字的形体发生多么大的流变,汉语的孤立语的本质是不变的。汉语词的发音和书写是固定的,汉语词不因在句中所担当的成分而发生性、数、格、位的变化。汉语通过语序和虚词来表达语法意义,简单明了,而且方便好学。

语言是工具，工具有质量的高下及使用方法的易难。任何语言都有语音掌握的难易，词汇内涵的厚薄，语法的方便与否，以及这种语言文字的认读和书写难度。除此以外，还有语言和文化之间的关系。汉语也是这样的。汉语是中华民族的交际工具，其质量的高下和使用的易难是显见的。

汉语音节结构组成简单、语音响亮、发声易于掌握，其语音的多声调是汉藏语系以外的语种所没有的。

现代汉语语汇绝大多数是双音词，掌握发音没有问题而且没有语法意义的词形变化。但汉语词的同音问题和一词多义项却是难点。其问题所在在于文化内涵的深厚。

对于汉语语法，全世界但凡接触过汉语的人，众口一词都说简单。

对于汉字，全世界但凡接触过汉字的人，也一样众口一词都说难，汉字识读书写的繁难确实是举世公认的。

这便是汉语，是中华民族以自己千万年来的社会生活经验创造积累的文化工具。有了它，中华民族便能承载厚重的文化积淀；有了它，中华民族便能开创无限的未来。

第四讲　汉字的特征

——汉字是表词·语素文字

古代汉语时期汉字是表词文字，现代汉语时期汉字已经演变为语素文字。更准确地说，现代汉语汉字应是表词·语素文字。这样的定性源于汉字的表意属性。

有人认为表意文字是落后的，因此汉字应该被摈弃而改用拼音文字。这种看法是不科学的。

"落后"的含义是指停留在较低的发展水平，落在客观形势要求的后面。固然，从人类文字发展史来看，文字的发展历程是：表形—表意—表音。但判断一种文字的先进或是落后，应该看其能否完美地表达相应语言的全部意义。在这个问题上，汉字与汉语是相得益彰的，汉语产生了汉字，汉字发展了汉语；离开了汉字，汉语的表达将受到同音词的困扰，也只有汉语的词根孤立结构，才搭建了汉字的灵活的表演舞台。汉字与汉语，原是左手与右手的关系。但任何事物都是一分为二的，汉字是为延伸汉语而产生的。汉字萌生在我国的奴隶制社会时期。以单音词为主体的文言文是在上古汉语时期口语的基础上产生的，现代汉语则延伸使用了几千年流变下来的汉字。汉字因其表意属性,必然会在现代汉语的语用中,显现自身的优点和缺点。

作为表意文字,单个汉字的容量比字母·音素文字要大得多。因为一个符号表示的是一个词或有一定量意义的语素,而字母·音素文字的一个符号只能表示一个音节或音素。尤其是在信息发达的时代,表意文字无疑是经济的、科学的。

作为容量多的第二个含义,是源于汉民族博大、宽容的思维特征。这使得汉字天然有其深厚的文化内涵。汉字的表意属性,来源于汉字的意象性,汉字的意象性具有多元化和具体化的特点。同样或相似的概念,可以有多个汉字词作为表述的选择。以死亡和不幸为例(这是任何民族都忌讳的话题),汉语中有着大量的委婉语的用法。比如当要表达对某人去从事某件较危险的事情的深度担忧时,人们会选择"三长两短"一词,这个选择是巧妙的。中国传统的棺木是由 3 块长木板和 2 块短木板构成,这就是"三长两短"。人们将对死亡的恐惧掩饰在 5 块木板的背后,既述说了自己的担忧,也照顾了听者或读者在从事危险事情之前回避不吉利语言的心理。"三长两短"充分表现了汉语汉字的意象性特点,从中我们可以充分观照汉民族思维立象以尽意的特征。

汉字的表意属性还有着独特的交际性质。它可以跨越方言区语音的障碍,还可以跨越语种被不同语言的人来使用。

由于历史的绵长和地理的广袤,汉语存在着复杂的方言现象。明代音韵学家陈第有一句名言:"时有古今,地有南北,字有更革,音有转移。"中华民族的历史发展到西汉初年,已经由于时间、空间的变化,造成了语言文字的很大变异。由于古今字的出现,西汉初年就诞生了我国最早的词典——《尔雅》。同样由于雅言与方言的冲突,西汉扬雄编撰了《輶轩使者绝代语释别国方言》,类集古今各地同义的词语,注明通行范围。在汉语言文字学史上,《尔雅》《方言》(《輶轩使者绝代语释别国方言》的简称)是两部解说同义词的重要著作,是东汉以前汉语同义词研究的总汇。

方言,是任何一个较大的国家,任何一个较大的民族,都无法回避的语言问题。在这个问题上,中国尤甚。但值得庆幸、值得研究的是,汉字在解决方言冲突时起了绝妙的消释作用。

在我国,消除方言,推广普通话,是一项艰巨的工作。说实话,在这项工作上,至今效果并不理想。但方言的障碍丝毫不影响文字的沟通。汉字可以贯穿古今历史,可以广布南北东西,靠的是它的表意性质。一个"啥"字,在中国的土地上,你走一个地方会听到一种读法,但对它的意义,各地的人们却只能说出一个解释。

在西方文明中,重要的东西要排在前边。字母·音素文字是音义结合体,且"音"排在"义"的前边,说明在这种文字中"音"的重要地位。

在中华文明中,重要的东西要在最后出场。汉字有三要素:形、音、义。"义"放在最后,说明在这种文字中"义"的重要地位。汉字的"形"与"义"有太紧密的关系,人们说:"望文生义","立象以尽意"。在占汉字总数近90%的形声字中,据专家考证,声符正确表音的只占1/5,人们并没有觉得其余4/5的不准确表音对识读汉字来说有多大的障碍,但义符的正确是来不得半点含糊的。这些都说明汉字的重形、重义而轻音。从理论上来说,轻音应该是文字的弱点,但汉字恰恰因为这个弱点巧妙地跨越了方言的障碍,并且客观地阻滞了方言向次一级语支的转化,这对我们民族的统一做出了卓越的贡献。因为汉字的"书同文",才强化保证了我们的"行同伦",而"行同伦"正是民族形成与发展的重要推动力。

一般语言学家都公认,表意文字具有较强的国际交际性质。这个性质已经被世界文字流布的历史所证明。汉字自诞生以来,到春秋秦汉时期已形成璀璨的汉字文化。随着交往的加深,汉字作为中华文化的重要组成部分也逐渐流布到我们的四邻。在其后的历史中,中国与东亚、东南亚地区形成了一个广大的汉字文化圈。虽然在近百年来,由于种种原因汉字在这个圈内已不那么强势,但作为一种文化,它的影响还在发挥着作用。

图 4-1 契丹文字

历史上，国内的一些民族除了直接使用汉字以外，还参照汉字创建了自己民族的文字，比如形成了契丹文字、西夏文字、女真文字和壮字。

《辽史》："(辽太祖神册)五年(公元 921 年)，始创契丹文字，诏颁行之。"契丹文字有大字和小字两种，大字是汉字式的写词文字，此外还有拼音式的契丹小字，契丹小字的字母也依汉字笔画而创制。金灭辽以后，契丹文还延续使用过一段时间，金章宗明昌二年(公元 1191 年)，"诏罢契丹字"，此后契丹文字逐渐失传。

北宋时期，党项羌人建立西夏国，并参照汉字创制了西夏文。《宋史·夏国传》："元昊自制蕃书，命野利仁荣演绎之，成十二卷，字形体方整类八分，而画颇重复。"西夏文在广运元年(公元 1036 年)颁布，与汉字并用。西夏文总数有 6000 字左右。西夏被蒙古所灭后，其文延续使用至明清时才废弃不用。

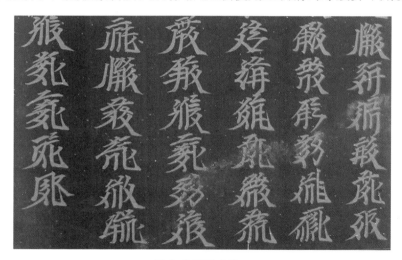

图 4-2 西夏文字

女真文字是金参照汉字和契丹文字而创制的文字。《金史·太祖纪》："太祖命希尹撰本国字、备制度，希尹乃依仿汉人楷字，因契丹字制度，合本国语，制女真字。"女真文字与契丹文字体制一样，也分大字小字。天辅三年(公元

1119 年)颁行使用。金被蒙古灭亡后,该文字继续通用于女真各部,直到 15 世纪才逐渐废弃。

壮族从秦汉时期就接触汉字文化,唐时创制方块壮字。壮字或借用汉字而音义不同,或仿照汉字的体式部件而自创新字。但壮字由于没有行政的管理,也便没有成为正式通用文字。1955 年中国政府组织专家创制拉丁字母的拼音壮文,1981 年修改后成为正式通用的民族文字。

图 4-3 女真文字

图 4-4 壮字

越南从秦汉时期就与中原地区有密切关系,随着往来和移民的迁入,汉语汉字传入越南,越南人称汉字为"儒字"。在很长的历史时期里,汉语和汉字作为官方语言和文字与越语并用。10 世纪后,越南参照汉字创建了自己的文字——"喃字"。越语语法里,定语放在中心词的后面,因此越语的通常说法是"字喃"。字喃即是喃字。喃字是一种部分借用汉字,部分使用假借、形声、会意的方法构成的方块字。如:越语数词"三",越语读音为中文的"巴"字,喃字采用左声右形的形声造字法,用左下半包围的形式将"巴"与"三"组合在一起,从而构成"义三,音巴"的喃字。

喃字产生后,越语与汉语、喃字与汉字,并用于越南社会。19 世纪中叶,法国

图 4-5 越南喃字

殖民者入侵越南,法语成为越南官方用语,并制定推行拉丁化的越南书面语。1945 年越南独立后,把拉丁化的拼音文字作为法定文字,喃字和汉字被废弃不用。

汉字传入朝鲜半岛是在汉末到三国时期。5 世纪的时候,朝鲜半岛的百济、新罗、高句丽三国使用汉字已成风气。7 世纪朝鲜三国末期时,薛聪借汉字意义记录朝鲜语,创吏读文字形式。但吏读文字不符合朝鲜语语法结构,很不方便,所以没有取代汉字。除吏读文字以外,还有一种以汉字作音符记录朝鲜语的形式,这种形式叫作"乡歌"。

汉语是孤立语,朝鲜语是黏着语,汉字可以表现朝鲜语的词根,但无法表现朝鲜语词内的专门表示语法意义的附加成分。李氏朝鲜王朝世宗时期(公元 1418—1450 年),在世宗李祹的主持下,召郑麟趾、成三问、申叔舟等学者,于 1444 年制成标音字母文字 28 个,称《训民正音》,俗称谚文。这种文字可以完整地记录朝鲜语的一切发音,笔画简洁,拼读简便灵活,其文字笔画和间架结构明显受汉字的影响。

谚文创制后,朝鲜人采用汉字谚文并用的形式,用汉字写词根,用谚文写词尾,方便而又明确。19 世纪后期,汉字谚文混合体成为正式文字。1910 年日本吞并朝鲜,朝鲜人民民族意识高涨,使用谚文成为爱国标志。

第二次世界大战结束后,朝鲜民主主义人民共和国于 1948 年废除汉字,完全使用谚文。韩国则一直沿用汉字谚文混合文字,但限定了汉字使用的数目。1972 年韩国教育部公布《中学教学基础汉字》,韩国大法院公布人名用字 2854 个(包括基础汉字 1800 个)。其后在很长一段时间,由于政治的原因社会上使用的汉字明显减少,但走在韩国城市

안전한 길은
죽은자의 길이다

동네문방구 이름이 "알라딘의 램프"다. 가끔 그앞을 지나치다 꼬마들이 무얼 사달라고 엄마를 졸라대는 장면을 목격한다. 아이에게 엄마는 무슨 소원이든 들어주는 램프의 요정이다. 한번은 문방구에 들렀다가 예닐곱살 된 아이와 엄마가 실랑이하는 모습을 보았다. 아이는 장난감 총을 갖고싶어했고 엄마는 한글자석놀이세트를 사주겠다고 했다. 엄마의 고집을 꺾을수 없음을 감지한 아이는 울음을 터뜨리며 문방구가 떠나갈듯 웨쳤다.

图 4-6 朝韩使用的谚文

的街道上,汉字仍然触目可见。近年来韩国一些学者和政治家大力提倡恢复汉字的使用,但使用一种文字是全民工程,若想恢复历史中的状况还需时日。

在日本,汉字的传入是在晋朝随汉文典籍经朝鲜进入的。与朝鲜的经历近似,日本人开始用汉字的形和音来记写日语中读音相同或相近的词语,这是所谓的"音读"。根据汉字传入日本的时代和地区的不同,"音读"分为吴音(六朝时传入日本的中国南方音)、汉音(隋唐时传入日本的中国北方音)和唐音(宋以后传入日本的中国南方音)。另外,用汉字的形和义来记录与这个汉字意义相当的日语固有词语,但用日语固有词的读音来读这个汉字,这是"训读"。

汉字传入日本后成为古代日本的官方文字。在日本使用的汉字中,还包括日本人根据六书中的会意法创造的新字(即一般人们所说的日本汉字)。这种字叫作"国字",国字多半为训读字。如:"辻",十字街口的意思。

以后,日本人把汉字作为音符去记录日语的音节。因为是借用的文字,所以被称之为"假名"。平安时代(延历十三年至建久三年,公元794—1192年)初期,开始使用两套日本表音文字:平假名和片假名。平假名假借汉字的草书而造成,用于日常书写和印刷。片假名借用汉字的楷书体偏旁而造成,用于电报、标记外来词和象声词以及一些特殊的词语。两套假名各有73个,是典型的音节文字。

假名产生以后,与汉字混合使用,这种"汉字夹假名"的混合文字在日本使用了千年之久。第二次世界大战以后,日本实行语文平民化,限制汉字的字数。1946年日本政府公布《当用汉字表》,收汉字1945个,另外规定人名用字166个,二者合计2111汉字。政府规定,法令和公文用字以此表为限,此外一律使用假名。这样,现代日文就成为"假名夹汉字"的混合文字了。目前,汉字的使用

日语1946年简化字举例		
旧字体	新字体	读法(假名表示)
國	国	くに
號	号	ごう
澤	沢	さわ
對	対	たい
圓	円	えん
廣	広	ひろ
龍	竜	りゅう
處	処	しょ
寫	写	しゃ

图 4-7 日文举例

已逐步缩小到日文的 1/3 了。

韩国和日本能够长时期的使用汉字,除了有文化上的原因以外,这两个民族的语言都是黏着语也是一个重要的因素。黏着语比较容易分解出不变化的根词干,而且可以用表词字很好地表示出来,汉字理所当然地充当了这个角色。另外,担当根词干角色的汉字又可以很方便地与用来表示词缀的表音符号结合起来,因而使这种混合性的文字与自己的语言有机地结合在一起,从而绵延使用至今。

用历史的眼光分析,古代时期,汉字凭借着汉文化的强势影响,在东亚、东南亚形成了一个稳定的汉字文化圈,且时间长达近两千年。汉字为东方文明的形成和发展做出了巨大的贡献,这是中华民族的骄傲。然而自第二次世界大战以后,由于强势的西方文化的影响,汉字文化圈不可避免地萎缩了。这是事实。虽然时至今日世界上又一次掀起了"汉语热",但历史上曾经辉煌一时的汉字文化圈现象是风光不再了。

客观分析汉字文化圈萎缩的原因,除了有现代世界政治、经济和文化的各种原因之外,作为表词·语素文字的汉字也确实有其自身的重大缺点。这些缺点在我们本民族使用汉字时也是存在的。

表词文字直接从表象文字发展而来,因此,这种文字的早期很难表达抽象意义的词。而上古时期我们的先祖在农耕文明中淬炼出的是朴素的唯物思维,也更多地看重名物。但到了商代社会的晚期,文字已成为国家机器的附属工具,大量的抽象词语无法用表象的方法创造新字,于是商人用假借的方法权宜用字。假借字的运用固然敷一时之用,却极大地削弱了汉字的表词属性,从而为汉字寻找新的形声化道路做了铺垫。

作为表词·语素文字的汉字,其符号体系极其复杂,符号数量极其庞大。作为大众性工具,这无疑是致命的弱点。而作为使用汉字的个人来说,一个人的社会生活是有其局限的,识字和用字也必然受其影响。除非是天赋奇才,在汉字的使用上,任何人都会有盲点。写错字、写别字、根本不认识这个字以及提笔忘字等,这恐怕是每一个使用汉字的人都会有过的经历。"文革"中,某地曾出现过知青在记工分时写不出"薅草"的"薅"字而被当地农民质疑他的"知青"身份。"薅"是口语词,"拔"的意思。在当地农活中,"薅草"是天天挂在嘴边上的事情。但对于一个生于城市长于城市的城里娃来说,在他所读过的所有书本上,根本不会出现"薅"这样的口语词语,写不出这个字原是简单不过的事情。虽然这仅仅是一个个例,但类似这样的问题却是不胜枚举的。汉字的难学难用是不争的事实。

为了克服和减弱这个缺点,历史上,人们有意无意中做了很多事情。汉语由古代的单音节词演变为现代汉语复音词甚至是短语,语用上是增强了汉语的表现力和提高了语言的精确度,意外的收获却是由于增减了一些汉字的使用频率从而缩小了常用汉字的范围。

下面为古汉语词与现代汉语词语的对比,其优缺点似可一目了然。

骏:好马

骥:好马

骀:劣马

驽:跑不快的马

駂:肥马

骓:壮马

骊:又肥又壮的马

驹:少壮的马

骒:强壮的马

驷:同拉一辆车的四匹马

骈:并列的两匹马

騑:辕马两旁的马

駙:驾辕之外的马

駁:一种颜色夹杂其他颜色的马

骃:浅黑带白色的马

骅:赤色的骏马

骊:黑色的马

騧:黑嘴的黄马

骐:青黑色的马

骓:毛色苍白相杂的马

骠:黄色带白点的马

骢:青白色相杂的马

骣:骑马不带鞍辔

上述举例可以很明显地做出比较。古汉语确实是用字较少,只需一个字便代表一种事物,但需要使用者一个一个地识读记认准确书写这些汉字。而现代汉语只需记认会写中心词——马,以及常用的形容词、数量词和颜色词即可囊括所有。现代汉语虽然使用的字数较多,但却是常用字的重复使用,其方便快捷自不必细说。汉字由表词进步到表语素,扩大了语用中汉字的选择范围。目前,使用 3500 个常用汉字即可基本完成汉语书面语的交际任务,这是古代汉语无法企及的。

汉字的繁难,一是笔画,二是字数。我国简化汉字的工作是举世瞩目的,经过几十年的实践,已经得到了社会的首肯,尽管还有一些批评的声音,但应该承认简化汉字为扫除文盲、提高全民文化素质起到了巨大的作用。简化汉字只是部分地解决问题,解决汉字的繁难还需做大量的整理工作。汉字的整理工作,任重而道远。

第五讲　汉字有别于其他文字

——汉字走着一条与众不同的道路

　　从纵向的历史观来看，人类的文字大致有三种类型：表形文字、表意文字和表音文字。

　　所谓表形文字，是在二维平面上直接描绘词语所代表的事物。

　　表形文字是人类文字的早期形式，目前在世界上已经没有人再使用这种文字。它的代表文字是：人类早期的图画文字、古埃及文字、西亚美索不达米亚文字、古印第安文字等。

　　所谓表意文字，是指有些词语意义无法直接描述，而用图形或符号间接提示。

　　表意文字比表形文字进步了许多，它代表了人类思维和交际的复杂和进步。中文是迄今仍活跃在世界舞台上的重要的表意文字。

图 5-1 古埃及象形文字

图 5-2 玛雅文字（古印第安文字）

所谓表音文字，是指用符号来代表声音的一种文字。理论上讲，这是一种科学的、经济的、简便易学的、被世界上大多数人接受的一种文字。

表音文字又分为音节字母文字、辅音字母文字和音位字母文字三种。

音节字母文字是用字母来代表音节，最典型的是日文和朝文（韩文）。

辅音字母文字是字母只表示辅音，有时少数字母兼表元音，一般元音用附加符号表示或根本不表示，如阿拉伯文。

音位字母文字或称音素字母文字，其字母代表音位（音素），很科学、方便、优越，目前世界上大多数民族语言使用音位字母文字，其中最典型的文字是拉丁文和希腊文。

古往今来，世界上没有哪一个民族对自己的语言文字有如中华民族对汉字做过这么多的研究，以致将关于汉字的学说与专讲人生大道理的"四书"中的《大学》相对义，而称之为"小学"。但在近两千年的汉字学研讨中，良莠杂陈，其中有真知灼见，也有穿凿附会，由于研究环境的局限和师承，百家争鸣，各抒己见。这一笔丰富的学术产业传留到今天，倘若今天的学子不能对汉字学有所建树，不仅对不起先贤，也愧对当今刚刚兴起的"汉语热"的世界。

由表词到表语素，汉字走了一条独立的、不间断的发展道路。

一般语言学家认为，语言是人类最重要的思维和交际的工具，声音是语言的物质属性，语言是一种符号系统。文字产生在语言之后，文字的使用是以发达思维的存在为前提，没有语言就不可能有思维，文字是有声言语的补充性的交际工具，文字是符号的符号。美国学者摩尔根说："文字的使用是文明伊始的一个最准确的标志……没有文字的记载,就没有文明的历史,也就没有文明。"

对于字母·音素文字来说,这一理论再适用不过了。字母·音素文字借助最低限度的书写符号(一般从 20 个到 40 个),就保证可以表达这些民族的语言,从而大大有利于文字的学习、使用和推广。这就是世界上绝大多数民族选择使用字母·音素文字的理由。字母·音素文字的的确确是为有声言语服务的,表音是它唯一目的,它是"符号的符号"。

从总的历史角度看,字母·音素文字形成时间要晚些,因为创制这种文字要求必须具有特别发达的分析言语的能力。要把言语分解为最简单的语音要素——音素,需要文明达到一定的程度,有时需要借助异族的文明成果。

字母·音素文字可分为辅音·音素文字和元音·音素文字两种。辅音·音素文字的字母只表示辅音,其中又可分为纯辅音文字和带有元音特殊表示法的辅音文字。元音·音素文字的字母既表示辅音,又可表示元音。

在字母·音素文字的演变历史中,辅音·音素文字出现在前,元音·音素文字出现在后。所有古老的字母·音素文字,无论是后期的古埃及文字,还是西部闪米特诸文字(腓尼基文字、乌加里特文字),都是纯辅音文字。这种文字只有极少数的符号(20~30 个),简便易学,但因为没有表示出元音,因此在识读时对言语意义难以理解。这一缺点并不妨碍腓尼基商人在通商贸易时做交易的记录。

字母·音素符号首先出现在后期的古埃及文字中,后来成了其他闪米特人赖以创制纯辅音文字的基础。公元前 2000 年,腓尼基人成为西亚贸易最先进的民族。由于贸易上的记事和计算的需要,商人们迫切需要一种最便于学习和使用的文字,纯辅音文字最符合这一要求而应运产生。在

图 5-3 腓尼基文字母

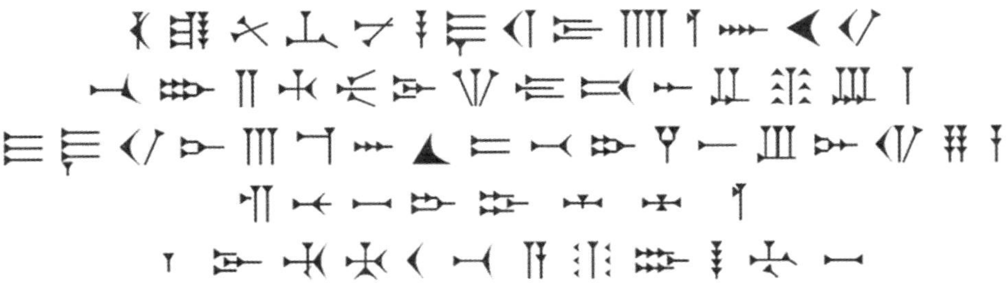

图 5-4 乌加里特文字母

后世的历史中,随着贸易的传播,腓尼基字母成了后来所有的字母·音素文字以及某些音节文字创制的基础。

字母·音素文字的传播始于 2000 年前,其传播不是借用,而是通过借鉴进行的。当时的借鉴之所以具有巨大的作用,是由于字母·音素文字的简单,易于用来表达各种不同民族的语言,同时也由于腓尼基人的强势贸易文化使然。

以后在腓尼基文字的基础上产生了阿拉米文字,而阿拉米文字几乎是亚洲所有的字母·音素文字的源头。在其后产生的诸多文字中,阿拉伯文字因为伊斯兰教的强势而对世界产生了巨大的影响。

腓尼基文字向西的影响是产生了希腊文字。但希腊语与腓尼基语不同,希腊语的根词干既由辅音构成,也由元音构成。许多希腊语词是由元音来区分的,如果完全使用腓尼基文字,那么会出现这些词的写法是一样的,这会造成辨识的困难。希腊人所做的并对后来整个文字史有重大影响的最主要的改变,就是为元音创制了字母,从而产生了世界上第一种元音·音素文字体系。以后,欧洲的各民族在希腊文字的基础上,顺着元音·音素文字的途径,发展了西方的所有文字。

在这里应该提出的是,世界上几乎大多数文字的发展都和宗教有着密切的关系。宗教的要素之一是宣传教义的经文,经文的权威性产生自文字的准确表义。西方的封建时代,宗教学说依靠文字体系来确立自己的神权地位。于是,拉丁文成为西方基督教的正式文字,希腊文字和叙利亚—阿拉米文字成为东正教的正式文字,而阿拉伯文字则成了伊斯兰教的正式文字。在当时政教合一的历史背景中, 宗教生活的副产品是使得文字得以广泛地传播并法定地巩固下来。

以上用了最简略的语言对字母·音素文字做了轮廓的勾勒。其目的不是为了介绍它们,而是要展示这样一个事实:汉字所走的道路与世界上大多数文字不同,汉字的道路是独立发展的,其间没有受到异族文字的影响而产生变异,汉字形体的流变是其自身发展规律所形成的。

语言的特性不是偶然形成的,而是体现着不同的思维方式。思维方式的不同又源于社会生活方式的不同。西方的思辨思维,来自地中海海洋文明的以自我为中心、从我出发、向外扩展的特性。而汉语的特点反映出农业文明的中国人从一般到具体、从客观到主观、强调整体性的思维习惯。

中华民族的农业文明首先打下了形象思维的基础。这种思维直接导向一种直观把握世界的认知形式。爱因斯坦说:"一个人智力的发展和他形成概念的方法在很大程度上是取决于语言的。这使我们体会到, 语言的相同,多少就意味着精神状态的相同。"在这句话里,我们把"一个人"扩展为"一个民族",同时将最后的结论来做一个倒序的理解,那就是—— 一个民族的精神状态和思维方式决定了这个民族的语言形式。

汉民族的直观认知,表现在语言上是古汉语的名词的发达,表现在汉字上是文字极其自然地走着由图画发展为图画文字,再由图画文字发展为以象形为基础的表词性质的古汉字的发展道路。

在这里,使用了"表词性质"这一说法。古汉语语汇单音节词占绝大多数,因此,一个一个孤立存在的古汉字实质是一个一个孤立的单音节词,从语汇学的角度来看,古汉字实质是表词文字。表词文字极容易从图画文字产生,因为图画文字的生成原理是"以象见意"。图画文字是不稳定的,是由书写人随意创造的,是可以由阅读者做随意的解释的。随着社会生活的规律性发展,偶然性的图画文字越来越清楚地成为一个个图画符号，并且无论在意义上还是在形式上也越来越稳定下来。这样，一种更加完善的，却更复杂得多的，需要长时间学习的表词文字便在图画文字的基础上发展起来。图画文字是通俗易懂的，是不需要学习的。但表词文字失去了通俗易懂的性质，并且由于它的多符号性，从而使得这一工具的大众性由此丧失，而变成少数人的垄断工具。

然而古汉字与西方文字比较，也有某些类似的地方。曾有一段历史时期西方文字与宗教捆绑在一起，汉字的早期发展也与巫、史有紧密关系。中华民族没有形成西方那样的宗教，但农业文明的"敬天法祖"也需要有天人之间的联系者，这种人物就是上古三代的巫、史和周秦时代的"士"阶层。也唯有他们有能力掌握多符号性的汉字，并最终成为中华民族中文字的垄断者。中国历史上的文字使用者：巫、史、士、吏，因其阶级性的保守倾向，阻挠了汉字的大众化进程，使古汉字的使用几成为另一种交际方式而绵延使用到五四新文化运动的前夕。

当然，表词文字与图画文字相比，其表意的容量和准确度是适应中国古代文明社会的，汉字这种单音节的表词文字以其巨大的容量，足以支撑上层社会的语言要求。另外，表词文字还因为其形体符号直接同词义联系而不是同读音联系，这就使得这种文字超越了音的限制而被不同方言区的人变通利用。几千年来，中国几大方言区的人们使用着同一种文字互相沟通而相安无事。这恐怕是表词文字又一意想不到的特点。

无可否认，古汉字这种表词文字多符号性的复杂，是其最严重的缺点。掌握多达数万的表词符号，对任何学习使用者来说都不是一件轻松的事情。而克服困难的途径，除了抛弃表词文字形式也走字母·音素文字的道路以外，就只有维系其原有形式，想办法减少表词符号的个数来减轻学习使用的负担。在这个问题上，我们的民族选择了后者而不是前者。

汉语古文字在商代时期就已经突破"以象表意"的阶段，而走上了"假借"

的道路。此时的巫、史已经意识到语言的音的物质属性。当然,历史已经展现在我们面前的汉字不是由强调了字音的假借而发展到表音文字,而是由意符和音符相加而产生的意音文字。汉字最终没有抛弃"表意"的特性,但汉字选择了比较集中的数千个"表音"符号和二百多个表示类属意义的"表意"符号,两两相加构成一个"合二而一"的"形",来完美地表现汉字的"音"和"义"。这种我们称之为形声字的汉字大约占了汉字总数的 90%。

由于形声字的表音符号比较集中,中国人识读起来并不特别困难。由于表意符号只表达类属意义,使汉字的表词具有了意义上的模糊性,这也符合中国人思维上的"和"的哲学属性。在古代汉语阶段,作为表词文字的单音节汉字,是与中国人的思维与交际的实际相吻合的。

克服多符号性的缺点的第二个办法是现代汉语汉字向语素文字的蜕变。五四运动以前,汉语口语语汇已经进步到多音节形式阶段。五四运动以后,现代汉语书面语向口语靠拢,书面语词语已不再受古汉语传统表现方法限制。现代汉语书面语语汇音节的增加极大地丰富了汉语的表现力,使汉语语汇的表意从模糊性、笼统性向准确性、科学性发展,从而适应了现代社会的文明发展。

汉字蜕变为语素文字,不仅丰富了表现力,而且又一次减少了常用字的个数。目前常用字只需 3500 个就可以应对汉语交际的绝大多数情况。在现代文明社会中,作为语素文字的汉字,以其灵活的构词能力和无所不能的表现力,再一次展现了自己的存在价值,打消了一些人走拼音化道路的念头。

世界上有一些语言文字学者还认为作为表词文字和以后的语素文字的汉字除了它的复杂性(多符号性)以外,还有一个缺点——难以表达词的语法形式。其实这是由于观察角度的不同所致。站在屈折语的角度看待文字,用词的书写形式的不同去表达词的语法意义,这是文字的天然属性。但汉语是孤立语,单音节的表词字只需通过线性的语序就可以完美而准确地表达它的语法意义,而这也是汉字的天然属性。因此,不能将它看作是汉字的缺点,只能说它是汉字的又一特点,而这一特点是由汉语的性质决定的。

至此,中国汉字从诞生之日起,一直到今天成为世界上使用人数最多的文字之一,始终走着一条与众不同的道路。汉字发展道路的连贯性和"纯洁"性,保证了几千年古今文化的联系和传承。这不仅是中国人的骄傲,也应看作是人类文明发展的幸运。

在这一节里,我们颠倒了一般语言学者的顺序说法。按照文字的发展历史来说,应该是原始文字(图画文字)—表词文字(语素文字)—音节文字—字母·音素文字。但本文只想解说汉字的独特的发展道路,故将世界上大多数文字(字母·音素文字)的发展历程放在前面作为铺垫,用以和汉字比较,而对世界上还存在的另一种文字形式——音节文字,没有再做比较的意义,故从略。

第六讲　汉字发展史

——萌生于夏、成熟于商、发展于封建时代、重生于当今

　　汉字是世界上唯一至今使用的自源性文字,汉字萌生于夏代,成熟于商代,发展于封建时代,重生于当代。

　　任何事物都有一个发生发展的历史过程, 只有当社会生活有了需求,并且具备了生发的土壤,这种事物才有了发生发展的可能。文字当然也不能例外,文字是一种工具,工具归工具的发明使用者所有。当人发现了语言的时空局限,且被传递的信息必须要突破时空局限时,文字才能应运而生。

　　一般语言学家认为,文字是有声语言的补充性交际手段,这种手段在语言的基础上产生,主要用来把言语传到远处并长久保留。人们找到了借助图形符号或形象来表现声音的方法,从而创造了文字。任何文字都是形、音、义的结合体。人们借助了文字的形,将信息的听觉传递转换为视觉传递。这就是文字的本质。

　　原始社会时期,简单的社会生产和同样简单的人际交流,没有使用超越时空局限的文字交际的社会要求。而在阶级社会中,也就是进入奴隶制时代以后,社会分工复杂,国家机器和统治集团出现,政治、经济、结盟与战争成为

社会现象,只有在这种时候,文字才有了产生的土壤。

具体到中国,我国进入奴隶制时代应是在夏代(公元前21世纪—公元前16世纪)所以汉字体系的形成时间不会早于夏代。遗憾的是,我们至今找不到夏代时期有关文字的出土资料。

文字的产生,除了社会需求的背景外,有了文字书写的承载物也是重要条件之一。历史上,汉字的承载物按时间上溯,有纸、帛、简牍、玉石、青铜器、龟甲兽骨。理论上还应该有陶器,因为陶器在制作的泥坯阶段是最容易进行刻或画的再创作的。我们从典型的具有代表意义的仰韶文化西安半坡遗址的发掘中知道,中华民族早在6000年前已进入彩陶文化时期,彩陶是这一时期的文明代表物。在已经出土的彩陶器物上,人们发现描绘有彩色图案和在器物的特定部位有刻画的痕迹。其中这些刻画痕迹,曾在考古和语言学界引起过轰动和争论。有人认为这是中国最古汉字的滥觞,应该称之为"陶文"。但更多的学者认为,这只能称之为"陶符","陶符"起一种标记作用,不是文字。理由是这些刻画符号已远离图画,完全是几何形状,看上去反而比3000年以后的殷商甲骨文更为抽象,这明显违背了文字由图画文字向表词文字发展的历史轨迹。且文字应是一种体系,半坡出土器物上的刻画符号远远不能构成一种体系。所以,它不是文字。

迄至4500年前的大汶口文化的黑陶,上面的刻画纹迹已经可以明显辨识是族徽的形象,但族徽并不是文字。

原始部落是由部落、胞族和氏族组成,其中最基本的组织是氏族。氏族由血缘关系构成,胞族是大氏族,部落则是氏族的联合。

美国学者摩尔根给氏族下了这样的定义:"氏族就是一个由共同祖先传下来

图6-1 大汶口黑陶刻符拓片

的血亲所组成的团体,这个团体有氏族的专名以资区别,它是按血缘关系结合起来的。"

看来专名是氏族的一个有机组成部分,这种专名一般是氏族图腾的名称,这种名称不仅宣之于口,而且刻画于氏族重器(宗庙、祭器、旗帜)上,成为代表氏族的符号。清末学者严复是最早引进"图腾"一词的人,"图腾者,蛮夷之徽帜,用以自别其众于余众者也。"图腾一词来源于印第安语"totem",意思为"它的亲属""它的标记"。可见图腾、族徽、氏族名称实是三位一体的东西。图腾是感生信仰,族徽是刻画符号,氏族名称则体现语词意义。

大汶口黑陶上有族徽而未见文字,说明当时已有了刻画族徽的习俗。只要族徽还没有纳入成句的书面语句中,就不能说明它已经成为文字,而只能认为是代表族名的文字的前身。但商代甲骨文和金文中,已明显把族徽放入甲骨卜辞和铜器铭文的语句中。当代学者裘锡圭指出:"用象形符号表氏族名,很可能是原始表意字产生的一个重要途径。"大汶口器物上有单独孤立的族徽符号,而商周时期已写进成句成段的铭辞之中,似可印证裘的论断。

大汶口晚期,生产相当发达,社会贫富分化明显,社会分工已趋复杂,记录语言的要求可能已经出现,其象形性符号作为原始文字的可能性是存在的。但文字是以体系的形式存在的,因此,证明它的存在需要有成组成句的实例证明。

柔软而又可成型的泥坯是最有可能成为文字载体的,一个可以在泥坯上刻画的尖锥形工具也远比任何种类的"笔"更为原始和可以获得。生活在美索不达米亚的古代苏美尔人所创造的苏美尔文字就是用削尖了的芦苇把字刻在泥版上,然后再烘焙或者晾干以便保存,以后著名的"楔形文字"即由此发展而来。中华民族的先民们在发展陶器文明时,其制作过程的陶坯阶段,会引发人们要求刻画的冲动,因此,在泥坯上留下文字的痕迹是现实可行的。如果在半坡陶器和大汶口陶器上没有文字,那足可以证明文字在当时产生的可能性是不存在的。

上古三代按顺序为夏商周，但若从氏族联盟领袖的生卒年代来看，夏禹、商契、周弃大抵是同时期人，都在距今 4000 年左右。

禹建立了夏代。从夏禹建国到夏桀被商汤所灭，共传 14 世，17 王，历时为前 21 世纪至前 16 世纪。

商的始祖名契。据《史记·殷本纪》所载："殷契，母曰简狄，有娀氏之女，为帝喾次妃。……因孕生契，契长而佐禹治水有功。……封于商。赐姓子氏。契兴于唐、虞、大禹之际，功业著于百姓，百姓以平。"从契到成汤，凡传 14 世。成汤革命灭夏桀，以地名为国号。商朝自汤开始到纣灭亡，共传 17 世，31 王，历时为前 16 世纪至前 11 世纪。

周的始祖名弃。尧、舜时任农师之职，受封于邰（今陕西武功西），号后稷。弃死后，子孙世代为夏朝农官。其后因夏政衰，失官而奔于戎狄之间，再后又由公刘率族人定居于豳（今陕西旬邑西），发展农耕，势力渐兴。以后传至古公亶父时，从豳迁至周原，古公设国号为周。最后由周武王姬发（？—前 1043 年）灭商而建立周朝。

禹治水有功而继承了舜，契佐禹治水而封于商，弃其时已任农师之官，可见禹、契、弃为同时代人。夏朝自禹至桀，凡 14 世，17 王，而商汤以前的"先公"时代，凡 14 世，二者所经历的时代也大体相近。夏已进入奴隶制社会，那么，商、周氏族也应该进入奴隶制社会。因此，夏、商、周三大氏族都已具备了文字产生的社会背景。

令人值得回味的是，商的始祖名叫"契"。《汉语大字典》"契"字的条目下有 4 个读音、19 个义项。其中与本文相关的有：

（1）xiè 传说中商族的祖先名。也作偰。

（2）qì 刻。《淮南子》："故胡人弹骨，越人契臂，中国歃血也。"今也指刻在甲骨上的文字，如《殷契粹编》。

（3）qì 古代龟卜时用以钻凿龟甲的工具。《周礼》："掌共燋契，以待卜事。"

我们将这三个义项联系起来，似可以得到这样一些信息："契"是刻的意思。"契"是龟卜的工具。卜辞的文字也称之为"契"。古人常以所长之事来为自己命名，商祖名"契"，或说明其人擅长契刻，或说明其人擅长龟卜。如果是擅长契刻，今天还无法证明其所刻的是什么；如果是擅长龟卜，而龟卜是需要契刻卜辞的，卜辞即是甲骨文，甲骨文即是汉字。那么汉字在 4000 年前商祖时期既已产生并实际运用。

农业文明有"敬天法祖"的传统。殷人迷信，他们认为生活中的一切，都要听命于上天，按鬼神的意旨办事。因此，事无巨细，必须进行贞卜。贞卜的内容包括祭祀、征伐、畋猎、年岁（岁收）、疾病、出入、气象，以及旬卜（十天之内有无祸事）、夕卜（当天夜里有无灾祸）等，还有祭祀时用牲多少？征伐时需要征集多少人？甚至妇人妊娠何时分娩？将生男孩或女孩？几乎无所不问。正因为如此郑重，所以主持贞卜要有专职之人，其人沟通天人，当然地位会很高。这种人物称之为贞人、卜人或者是巫，后世也称之为史。也正因为龟卜在殷商社会生活中这么重要，所以在殷墟安阳会有如此众多的发现。

今天出土的甲骨片大都是商代晚期武丁时期（3200 年前）的卜辞。如果说契已经是擅长龟卜的人，那么，在殷商版图的土地下面还应该有几百年的甲骨遗存有待发掘。今天出土的甲骨片证明，龟甲兽骨这种东西在地下保存几千年是可能的。遗憾的是，我们今天还没有这样惊人的发现。如果有，则说明汉字历史的的确确有 4000 年之久；如果确实没有，则说明汉字的创造时间应在契至武丁之间，但这也仍不能排除契时代已经有了汉字的初始。因为"契"作为动词的"刻"来讲，其受刻物可以是龟甲也可以是其他物体。而"契"作为名词的贞卜文字来讲，是否在龟甲出现以前会有其他物品来充当贞卜工具？那么，"契"也可能是刻在别的物体上的文字。

古文字学家郭沫若在《奴隶制时代》一书中说："殷代除甲骨文之外一定还有简书和帛书。《周书·多士》说，'惟殷先人有册有典。'甲骨文中也有册字和典字,这两个字正是描绘简书的象形文字。但这些竹木简所编纂成的典册,在地下埋藏了三千多年,恐怕不可能再见了。帛书也是一样。"

"殷先人"是指从契开始到商汤建国之前的一段时期的商氏族,从商的角度来讲,这段时期历史上也称之为"先公时期",实际相当于由禹到桀的夏代时期,即公元前21世纪到公元前16世纪。

甲骨文中的"册""典"二字,让我们形象地看到殷的先人们运用竹木简或刻或写来记录氏族历史的情景,但竹木简是有机物质,恐怕我们无法指望在今后的考古出土中会有什么发现了。

这可能是中国文字史的悲剧所在,先民所选择的文字载体都是有机物质,因而存留的可能性大打折扣了。今天我们能够看到埃及金字塔、希腊太阳神庙和特洛伊古城废墟,因为那是另一种石头文化。而在中国,我们没有这样的幸运,因为农业文明的基础是土木文化。我们的先民似乎更加看重由双手培育的动植物产品。不管怎么说,我们似乎可以这样结论:在契时代,文字的创造和使用有了充分的可能。

在上文,我们提到商氏族先祖契是与禹同时期的人物。如果说汉字在契时代已经萌生,那么说明禹所建立的夏代就已经有了文字,只是我们没有发现直接的证据。但间接证据还是有的,我们现在还在使用的中国历法,即农历,或称阴历,人们也习惯称之为夏历,因为这种历法据说创立于夏代。如果这种世代流传的说法可信的话,那么可以证明夏代是有文字使用的,因为中国的历法是由文字来推演的。如果没有精确的文字记录,我们引以为傲的太阴历是无法创制推演的。

因为缺乏证据,我们找不出汉字初期的字例。虽然大汶口文化中有三四个图形与文字的滥觞或有关联,但文字应该是一个体系,只有几个图形不能说明问题。时至今日,我们见到的最早的文字是商代晚期的甲骨文。按一般史料记载,甲骨文是清代王懿荣于1899年发现的(其实实物的出土应该要更早几十年)。据目前资料统计,甲骨片出土十几万片,1956年出版《甲骨文编》

统计已识与未识的单字共有 4500 字左右,其中已识者 1425 字,1965 年李孝定《甲骨文字集释》收可识单字 1377 字。

当然,甲骨文不是商代唯一留存的文字。商代两大文明,即甲骨文和青铜器,青铜器上也是有铭文的。铭文,我们称之为金文。此外,在甲骨文中,人们识读出有"册""典""聿"等字,前两个字已确定无疑说明当时已经使用竹木简,"聿"字则是手持毛笔的象形。这说明在当时文字的使用手段是很多样的,使用范围已经是很广泛的了。

在其后的西周阶段,铭文与殷商文字一脉相承。春秋战国时代,由于东方各国的文化比较发达,随着地区的差异而各自发展,逐渐形成"文字异形"的现象。直到秦始皇统一中国之后,为了政令的通达,颁布了"书同文"的政令。东汉许慎在《说文解字·序》中说:"秦始皇帝初兼天下,丞相李斯乃奏同之,罢其不与秦文合者。斯作《仓颉篇》,中车府令赵高作《爰历篇》,太史令胡母敬作《博学篇》,皆取《史籀》大篆,或颇省改,所谓小篆者也。"

"书同文"是最具文化历史性的断然措施,它为后代开了一个很好的先河。以后汉字的发展虽然是开放性的,但以后历朝历代的统治者都或多或少地做着汉字的规范性工作,以致汉字几千年虽不断发展却又不失传承。

汉字的创造是开放性的。商代时期,巫、史成为专司文字工作的阶层,其阶层地位崇高,工作繁重,为汉字的发展立下了旷世之功。进入周朝以来,巫失去了统治者的怙恃,退出了历史舞台,而新兴的士,以其擅长的语言文字本领,逐渐成为社会的主角。士由于出身贵族或本身即是没落贵族,有着良好的文化教养,从而将汉语言文字带入雅文化的范畴,并上演了轰轰烈烈的百家争鸣,更由于其后的封建社会将科举制度作为国家的重要基石,士成为国家的政治基础和社会的精神领袖。

由于社会政治、文化生活的日益丰富繁杂,语言也日趋发展,相应的汉字的需求也日益增多。有需求便有创造,新的汉字在几千年的历史中不断地被创造出来。坦率地说,时至今日,只要有需求,新的汉字便仍会创造出来。几年前，在网络中，就出现了"窘"的新的写法——"囧"。"囧"的出现，因其象形的萌态，深得年轻的网络安全工作者喜欢，很快便流行起来。这个新的写法，既符合汉字六书的造字原则，又因应了约定俗成的流通法则，无可挑剔。

中华民族喜爱文学。不论是先秦的诗经楚辞历史散文，两汉的文赋乐府，乃至唐诗宋词元曲、散文八大家、明清小说，文人在创作这些作品时无不需要精美的文字雕琢。中国古典诗歌讲求形式美，其基本方法或是将同一义符的形声字加以类聚，以描摹性状，或是利用中国文字一字多形的特点，来增添文字表现的情趣。这些做法都不同程度上激发了中国文人创造汉字的兴趣，使得汉字愈来愈多，几无停日。

汉字的发展，除了字数在不断增加外，还有形体上的不断变化。

甲骨文因其承载物的简单，使用的"笔"应是锥形的硬笔，所以笔画只有直笔，或横或竖，字形简单。

金文是铸刻在青铜器上的铭文。金文首先是在泥范上或刻画或雕塑出字形，然后浇注，成型后还有打磨修饰的工序。青铜器是作为礼器或食器使用的，从而要求上面的铭文具有一定的艺术性。这样，甲骨文的直笔便演变为金文的曲笔，文字的笔画趋于复杂。

然而文字的发展远不是简单的一条线。迨至春秋战国时期，由于诸侯国各自为政，以及文字使用者身份的不同和文字承载物的材料不同，文字出现了不同的发展方向，以至于秦始皇统一中国后，政令不能以统一的文字形式通达全国。为此，秦朝颁布了"器械一量，同书文字"的政策，但此政策只是对西周以来的正体字——籀文，省改为小篆，而社会上使用的文字样式还有很多。比如到了汉代，第一任相国萧何曾颁布律法："太史试学童，能讽书九千字以上，乃得为史。又以六体试之，课最者以为尚书、御史、史书、令史。"文中所说的"六体"，即古文、奇字、篆书、隶书、缪篆、虫书六种书体。可见社会上绝不仅是一种字体在流通，尤其是在战国时期已在秦国流通的隶书，其使用范围远超法定文字小篆。

秦代时期,国家是以小篆为标准字体的,但使用文字的官吏,为适应竹木简的平滑细长,为简省故,将曲笔改为直笔,在竹木简的书写上一种新型的隶书在小篆问世之前就已流行。以后,虽然汉承秦制以小篆为标准字体,但文字作为交际工具,其简省的经济原则是不可抗逆的。隶书逐渐受到官方的认可,以致汉章帝下诏公卿,用隶书上书。从此,隶书成为汉代通用的主要字体。

东汉年间,蔡伦造纸。中国的文字随着承载物的变更,也发生了形体的变化。纸面的粗糙生涩,使得笔锋在纸面上有了使转提按的技巧变化,文字的笔画由隶书的横、竖、撇、捺,增加至由横、竖、撇、捺、点、提、折、勾等构成的楷书。两千年来,中国人的书写用纸没有改变,楷书字体便也没有变化,虽然软笔改成了硬笔,但楷书字体没有受到触动。

中国的封建时代创造了灿烂辉煌的中华文化,这其中,中国文学做出了绮丽卓荦的奉献。说到底,这有赖于汉语言文字的功劳。但任何事物的发展都有其自身的规律和局限。作为工具,汉字的体量过于庞大,书写使用过于繁难,这极大地影响了人民群众对它的学习和掌握。1949 年中华人民共和国成立后,我国政府统计了当年中国人文盲率高达 90%。

正是出于这一点,1949 年,吴玉章给毛泽东写信,提出为了有效地扫除文盲,需要迅速进行文字改革。这封信击中了汉字的弊端和要害,故于1949 年成立了中国文字改革协会。1951 年 12 月,政务院文化教育委员会下设中国文字改革研究委员会。1954 年 10 月,中国文字改革协会改为国务院直属的中国文字改革委员会。此后,我国汉字简化和整理工作便轰轰烈烈开展起来。其主要工作有:公布了《汉字简化方案》(1956);编印了《简化字总表》(1964 年,1986 年修订后重新发布);与文化部(今文化和旅游部)联合发布了《第一批异体字整理表》(1955);与文化部联合发布《印刷通用汉字字形表》(1964)等。

　　汉字的简化和异体字的整理，一定程度上解决了汉字的繁难和使用不便，极大地方便了人民群众对汉字的掌握和使用，极大地提高了中华民族的文化水平，为我国成为世界强国打下了坚实的文化和科学的基础。如今，不仅在我国国内基本解决了识字和用字问题，可以想见，在当今世界兴起的汉语热中，汉字的风靡全球也指日可见。我们为中华民族的历久弥新的智慧而欢呼，也为汉字的重光而骄傲。

第七讲　早期汉字归特定人群所有

——巫、史是早期汉字的使用者

所谓早期汉字,应该是指春秋战国百家争鸣之前的文字。从目前所能见到的文字实体,只能是商代甲骨文、商代青铜器铭文和西周早期青铜器铭文文字。再早,则无实据可考。

文字是工具,工具掌握在使用者手中。甲骨文的镌刻者是商统治集团重要成员的巫,商周青铜器铭文的先期书写者是商周统治集团重要成员的史。巫是天与人的沟通者,史是国家机器与人民的衔接者。巫、史都是社会的特定人群,是统治集团的重要成员。

甲骨文肯定不是中国的初始文字,但是我们目前能看到的中国最古文字。甲骨文的发现是个偶然,它是距今 3200 年前商代晚期武丁时期的占卜用辞,其文字学者们称之为卜辞。卜辞的记录者是巫。巫,祝也,从工从人。工字的上下两横可理解为天地,竖画意为沟通。巫的权力很大,因为他是神与人之间的中介,能够知晓神的旨意,这对于一般的人来说,可以说如同神的化身了,是神在人间的代言人。因此巫掌握着祭祀、医治、部族历史传承等权力。商代晚期的巫,有一个良好的工作习惯,抑或是所记录的卜辞是神的意旨而

图 7-1 甲骨文

不能怠慢，所以将卜辞集中妥善存放，类似今日之存档。意想不到的是，这样做的结果为日后的发现和发掘带来极大的好处。我们今天说，甲骨文是现存的年代最早的成批汉字资料。其"成批"的意思即在于此。目前发现的甲骨有十几万片，单字字数有 4500 个左右，其中 1/3 的文字已被考释出来。从目前研究的结果来看，甲骨文可以满足当时社会生活之所需，是已经相当发达的文字了。

卜辞是为统治者的统治服务的。按商代所处的奴隶制时期来看，当时的一般下层人民的社会生产和生活是不需要文字的。简单的农业生产只需经验即可完成，这种状况在中国甚至绵延了几千年之久。这说明人民大众在一般的社会生产和生活中并不需要文字这样一种工具（青铜器铸造工匠可能除外）。从殷商的历史来看，文字一开始就掌握在统治者和特定的文字使用者——巫、史的手中。

这一点与腓尼基文字一开始就在人民手中迥然不同。腓尼基文字为商贾记事，其大众性源于使用者的广泛，而大众性又会引导文字向简约化发展。

殷商时期，文字掌握在特定的人群手中，其用途不是推动社会生产，而是沟通天人和记录国家行为。这就使得文字具有了神秘性、神圣性和权威性。反过来，这些特性又使得文字远离了人民大众。

汉字源于图画，图画是人民社会生活的描摹。汉字成为体系，却首先应用于卜辞。这恰恰印证了鲁迅所说："文字在人民中萌芽，后来却一定为特权者收揽。"无独有偶，与甲骨文一样目前仍然"活"在人间的纳西族的"东巴文"就是掌握在"东巴"（巫师）手中，这一点与殷商的甲骨文出奇地一致。准确地说，"东巴文"是纳西族的象形文字，为古纳西人创造，共有 1400 字左右。"东巴文"为纳西族祭司、经师东巴所用,主要用于撰写东巴经书,一般纳西人并不掌握它的识读和书写。"东巴文"与纳西族人日常社会生活无关。但近一二十年,随着旅游事业的发展,"东巴文"成为地区少数民族的文化标签而应用于旅游纪念品上,这已经与其文字学意义无关了。从语言文字学角度来讲,自 20 世纪 30 年代始,东巴文化研究长盛不衰,迄今已形成了国际学术的热点。但目前还没有学者将纳西"东巴文"与甲骨卜辞并列对比研究,倘如此,借彼喻此或可将甲骨文的社会意义做更深入的研究。

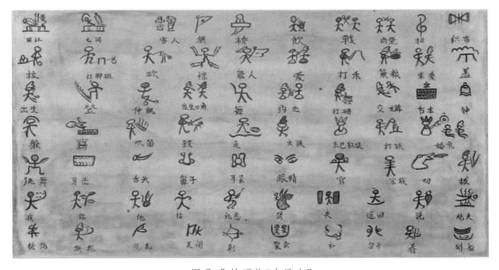

图 7-2 纳西族"东巴文"

商代的统治者崇尚神鬼。事无巨细,凡事都要贞卜。这便衍生出一个特殊的阶层——巫、史。这两种人专以文字为工作工具。巫,以贞卜为业,每次贞卜都要在甲骨上契刻卜辞并予以妥善保存。巫依附于统治者,是统治者统治的工具之一。史,则记录国家重大事件并撰写具有国家权威意义的青铜器铭文,也是统治者统治的工具之一。卜辞与铭文完全是国家行为,代表着统治者的行为和意志,其内容与人民大众毫无关系。

周始终以务农为业。农耕的命脉在于顺天。天者,天道也。农耕的成功在于经验,经验在长者手中。"敬天法祖"是周维系生存的不二法则,因此,贞卜祭祀也应是其重要的精神生活。但周地处中原西侧,因道路隔阂,产自荆楚的龟板不能顺畅得到,故而周人用甲骨贞卜少而用蓍草占筮多。虽说周人贞卜少,但不是没有。《诗经·大雅·绵》有明确记载:"爰始爰谋,爰契我龟。"历史上也有周原甲骨的出土可以佐证,但数量少得可怜。周灭商后,占有了中原文化的成果而使得周文化得到长足发展。由于国家体制的完善,铜器铭文字数也愈来愈多。《令彝》187 字,《大盂鼎》291 字,《小盂鼎》390 字,《曶鼎》392字,《毛公鼎》497 字。其文字内容远超商人卜辞,简直是鸿篇巨制的文献了。这说明在周朝,巫式微了,史成为统治集团的重要核心成员。史:甲骨文字形,上面是放简册的容器,下面是手,合起来表示掌管文书记录。中华民族看重传承,自古以来就有记录历史的习惯。传说中的仓颉就是黄帝手下的史官,而仓颉又是文字的创造者,这本身就说明史与文字的关系。

综上所述,中国的商及周前期这一时段,文字掌握在巫、史手中,是统治者维系国家统治,保证贵族生活和权益的重要工具,而与人民生活无关。正是这一特点,中国的早期文字从此走上了一条愈来愈繁难、不易掌握、神秘而具有美学特征的道路。从中华文化发展史来看,这样的一条独特道路,却开辟了雅文化的先河,使中华文化从一开始就出现了雅、俗两个分支。雅文化以语言文字为核心,最终导致了"士"的产生,提升了中华文化的品位。中国古典哲学的问世和美轮美奂的中国文学和艺术的发生发展也有赖于此。从这个角度说,我们今天还是应该感谢那些在历史长河中没有留下姓名的众多的巫和史们,是他们用汉字为我们打下了坚实的中华文化的基础。

图 7-3 大盂鼎铭文

第八讲　士为秀民

——中华民族有一支优秀的知识分子队伍

"士为秀民"，语出范文程给清帝的一份奏折中的建言。范文程，清初辽东沈阳人，字宪斗，号辉岳。汉族，清初著名谋略家、政治家、教育改革家，其先祖为北宋著名政治家、文学家范仲淹。李自成攻陷北京后，范力谏清帝入关，其后，在一份给清帝的奏章中，奏请为明崇祯帝发丧，安抚明宗室旧臣，建议减免赋税，举行科举考试，笼络汉族知识分子，恢复农业生产。范在奏章中提道："治天下在得民心，士为秀民，士心得，则民心得矣。"

秀民，德才优异的平民。《国语·齐语》："其秀民之能为士者，必足赖也。"换句今天的话讲，秀民指的是人民中的优秀分子。

士，事也。任事之称也。引申之，凡能事其事者称士。士就是当时的社会工作者。

士的产生是社会发展的必然。周朝建立，国家采取分封建制的政策，国家以王族血缘亲疏远近和对周朝建立的功勋大小，以土地、城邑和人口的形式分封了七十余家诸侯。王朝政府、诸侯的官僚机构，甚至卿大夫的家臣，都需要通晓语言文字的人员去工作，而这些工作机会，客观上为士的产生和扩展提供了可观的条件。

士，在周朝时期，既是封建社会中上层社会的最低等级，也是人民百姓中的最高阶层。商周时期，所谓庠序，是只对贵族子弟开放的，人民群众没有接触文字的机会。所以通晓文字几成为贵族身份的一个标志。

士阶层是周朝宗法制度的产物。周朝实行嫡长子继承制，嫡长子继承父位仍为卿大夫，其余诸弟则为士；士的嫡长子可继承为士，其余诸子则为庶人。这些身份已经降低为士或庶人的人们，因其出身的缘故，受过良好的文化教育，因而掌握了语言文字和某些技能。这些人便凭借着这些特长，游走谋生以求进阶，并在春秋战国时期创造了中国历史上空前的灿烂文化。正是由于他们的努力，最终成为古代四民（士、农、工、商）之首。战国以后，士的队伍日渐庞大，士逐渐成为统治阶级中知识分子的统称，实际上是脱离生产劳动的读书人。迄至隋唐以后，由于科举制度的产生，士更成为中国社会各阶层中之精英，不仅成为中国封建社会统治集团的主力和其源源不断的后备力量，而且是中华文化的引导先行者。这就是范文程之所谓"士为秀民"。

士，在中华历史上的第一次辉煌，是春秋战国时期的百家争鸣。此阶段是士阶层产生的初始时期。这一时期，诸子百家彼此诘难，相互争鸣，中国社会出现了盛况空前的学术局面。据《汉书·艺文志》记载，学派共有189家，4324篇著作。这就是"百家"之由来。但只有十家发展成为有影响力的学派。而十家之中又以孔子、老子、墨子三家最为著名，并影响后世。其后墨学中绝，法家学说成为统治者钟爱的统治术。百家争鸣为中华文化思想积累了厚重的基础，除后世引进的佛学，以及西学东渐的西方科学和政治哲学思想外，诞生于春秋战国时期的中华文化思想不绝如缕，绵延至今。汉武帝及以后，士阶层在中国掀起第二次文化高潮。汉武帝采纳董仲舒"废黜百家，独尊儒术"的政策，使天下学子专一光大孔孟儒学。孔子的"仁爱"之说和孟子的"仁政"学说最终成为中华文化思想的主流和标签，其影响波及世界,至今不衰。

魏晋南北朝至北宋一千余年历史中,佛教在中国大行其道。其原因,一则佛学理论与中国哲学有相通之处,另一则为中国的知识分子对佛学的推崇和改造。中国的知识分子将儒学的"为民"和老庄的"无为"巧妙地融入佛学,从而创造产生了独具中国特色的禅宗教派,并影响到今日所谓的"人间佛教"。在引进佛教、翻译佛经的同时,中国的知识分子学习并创造了汉语语音学,吸收了大量的佛学词汇和语言的论辩逻辑技巧,为汉语言文字的发展做出了极大的贡献。

唐宋时期,中国的知识分子凭借着汉语言文字的独特特点,将中国古典文学推向历史的顶峰。时至今日,唐诗宋词元曲以及八大家的散文仍是我们民族引以为傲的、可沐浴灵魂的琼浆。

明末清初和清末,两次西学东渐,从徐光启翻译利玛窦的《几何原本》开始,西方的自然科学和社会科学大量传入中国。其间,中国的知识分子仍然担当了弄潮儿的角色,其最大的贡献,是汉语大量吸收了西语词汇,甚至汉语语汇出现了西语特征,最终推动了古代汉语向现代汉语的转化。当代语言学者、中国现代语言学奠基人之一王力在《汉儒史稿》里说过:"佛教词汇传入中国,在历史上算是一件大事,但是比起西洋词汇的输入,那就要差千百倍。"

1919 年的五四运动,现代中国肇始于斯。同样,这一运动的主力军仍然是中国的知识分子。先进的觉醒了的中国知识分子将中国巨龙引向了觉醒的道路,中华民族经百年的奋斗始有今日,其间中国知识分子功不可没。

这就是我们的民族。中国的知识分子由于掌握了语言文字,从而创造传承了中华文化,并在先进的政党的领导下,在改革文字的前提下,普及文化,使我们这样一个伟大的民族真正成为一个有文化、有觉悟、有担当的民族。让我们在回顾中华民族艰苦卓绝的历程的时候,不要忘记历史上曾经有一个人说过:"治天下在得民心,士为秀民,士心得,则民心得矣。"

在这个世界上,人类创造的四大文明,唯有中华文明一脉独传。究其原因,是因为中华民族有一支优秀的知识分子队伍,是因为中国的知识分子掌握着一种优秀的语言文字。文明薪火相传,文明烛照人心,有赖斯人,有赖斯文。

第九讲　商代的两大文明

——精神文明与物质文明的相辅相成

　　甲骨文和青铜器,是商代的两大文明。一为精神文明,一为物质文明。甲骨文我们谈得比较多了,本讲拟简单地讲一讲青铜器的始末。

　　青铜器是以红铜与其他化学元素(锡、镍、铅、磷等)的合金为基本原料加工而制成的器皿、用器等。青铜,古称金或吉金,其铜锈呈青绿色,因而得名。青铜是人类历史上的一项伟大发明,是世界冶金铸造史上最早的合金。

　　按照人类进步时间为序,世界上所有的古老文明都经历了石器时代、铜石并用时代、青铜时代和铁器时代。中国也不例外,中国的先民在青铜时代(距今约4000年至2200年)创造了独步世界的青铜文化,这一时间跨度正好是中国的夏商周上古三代时期。在这三代中,夏为早期青铜器时代,所传器物寥寥,真正代表中国文明的是商周时期的青铜器。此时是青铜器从发展、成熟乃至鼎盛的辉煌期。青铜器主要分酒器、食器、水器、乐器和兵器五大类,并以其独特的器形、精美的纹饰、典雅的铭文向人们揭示了中国上古时期的铸造工艺、文化水平和历史源流。由于商代极度崇尚鬼神,周代以"敬天法祖"为国家法制,青铜器又成为祭祀庆典中的重要礼器,此作用肇始于商,而光大完善于周。

中国青铜器并不是世界上产生最早的,但却是世界上唯一的带有文字的青铜器。正因为如此,中国青铜器便在世界文明史上占有了文化的制高点,这是世界上其他民族不能企及的。

在甲骨文被人们发现之前,青铜器上的铭文是人们所能见到的中国最古老的文字,历来为人们所重视。周代把铜也称之为金,所以青铜器铭文早在先秦时代即被称之为金文,或曰吉金文字。殷周时代,尤其是周代,礼器以鼎为首,乐器以钟为首,而铭文又以钟鼎上的字数为最多,所以又称之为钟鼎文。钟鼎文上承甲骨,下开两篆,是汉字发展史中重要的一环。其字体不拘于格范,随笔画的繁简,整字或大或小,或长或短,笔画婉转巧丽,极富审美趣味。

商代出现两大文明,这两大文明是相辅相成,相互依托的。商灭夏,绝不是一场战争的胜负而决定的,甲骨文和青铜器代表了商代文明的进步和经济基础的强盛。值得注意的是,商代占卜不是简单地将龟甲作为文字的承载物,占卜是一系列繁复的仪式过程和制作过程。比如占卜仪式中使用的礼器,龟甲的前期制作工艺,刻写卜文需要的"锥笔",这些都需要以青铜为主的器物支撑。

而青铜器更无须赘言。中国青铜器制作的精良、形制的精美,以及铭文的构思创意,都是举世罕见的。这一切没有社会文明的支撑是做不到的。仅以铭文的镌刻来说,其工艺的繁复程度,至今还有很多令人想象不到的地方。

试想铭文的铸刻过程,大致应该有这样几步:

第一步,由国家级的史官撰写铭文,申明此器物的适用对象及制作缘由。青铜器的制造一般是国家行为,它不仅代表国家意志,更为实际的是,其制作成本之高非举国之力不可承担。

第二步,由专业的书写人员,根据器物的大小形制,设计书写按今天人们的观点看已具有书法美学的漂亮的铭文。此中至今无解的是此一步骤书写的材质是什么。毛笔肯定是有的,因为甲骨文中已有今日毛笔形态的"聿"字。但这具有毛笔书法意味的文字是书写在简上?帛上?抑或是直接书写在已预制好的器物模型、模范上?

第三步,将书写好的文字临摹在器物的模型上,有专业的工匠将文字镌刻成凹入的阴文。这一步骤极为艰难,要保证镌刻后的阴文不被破损,又不能破坏器物的原型,影响器物将来的实用和美观。

第四步,翻制成范。

第五步,浇注成器。

第六步,修饰打磨。

由此可见,青铜器铭文的镌刻,本身便需要一批有分工的、有相当文字基础的官员、技术人员和工匠构成,这批人员还要和各分工部门紧密配合,一个或一组青铜器才可能顺利完工。统一的组织、缜密的设计、科学的分工、精密的制造、用心的修饰,是青铜器制造成功的必要条件,而这一切不是依靠熟练的工匠就可完成,其中添加文字的部分尤为艰难。

商代的甲骨文和青铜器两大文明由文字而联系起来,这也说明了商代强大的原因是其文明的先进所造就的。中国的史学有一传统,一个朝代灭亡了,其历史和评价常常由下一个朝代的史学家定论。这会造成一种现象,新朝的史家为证明本朝替代前朝的合理,从而过度地贬低前朝。故而,我们今天一提到商朝,便会将目光聚焦在残暴的纣王身上,从而忽略了商代两大文明几百年的璀璨辉煌。而在民间,普通百姓对历史的认知又多从演义小说和俚俗戏曲获得,而这些民间文学的文本又是对史家记述的夸张和演绎。文字本身便与老百姓的生活脱节,商代的两大文明自然不入百姓的"法眼"。直到100年前甲骨文的发现,才掀起了历史的面纱,学者们开始用科学的目光审视商代的文明,使我们得以窥见商代的辉煌。

我们今天为周代的礼乐制度及百家争鸣的辉煌所吸引,而常常忽略商代的成就,这是极不公允的。周代的青铜器是商代技术的集成和发展,百家争鸣的四千多篇著述也是接过了商代文字的衣钵才得以成就。因此,认真而科学地研究剖析商代文明,研究商代文字的发生发展脉络,是不可忽视的学术课题。这是我们的前辈学者已经找到的一条明确的道路,舍此别无他途。

第十讲　写与刻

——文字初始阶段,或写或刻都是有的

　　字是写出来的。这是今天人们的共识。但我要说,中国的汉字一开始是写出来的吗？此事还要商榷。

　　"写"是简化字,是草体写法的规范演绎,繁体字写作"寫"。人们都说,汉字是以形表意的,但这个"写"或"寫"字,从形上却丝毫看不出与写字有半毛钱的关系。

　　"寫"字最早见于石鼓文。东汉的《说文解字》释"寫"为:"寫,置物也。从宀,舄声。"徐灏注笺:"古谓置物于屋下曰寫,故从宀,盖从他处置于此室也。"可见"寫"字是战国时才出现的,它的本义是移置、放置。

　　东汉末年,刘熙又编撰了一部词典,名叫《释名》。《释名》这部书是从语言声音的角度来推求字义的由来。刘熙在自序里说:"熙以为自古造化制器立象,有物以来,迄于近代,或典礼所制,或出自民庶,名号雅俗,各方多殊。……夫名之于实,各有义类,百姓日称而不知其所以之意。故撰天地、阴阳、四时、邦国、都鄙、车服、丧纪,下及民庶应用之器,论叙指归,谓之《释名》,凡二十七篇。"

在《释名·释书契》中写道："书称刺;书以笔刺纸简之上也,又曰写,倒写此文也。"在这里,刘熙将"寫"作"书"的同义词看待,同时强调"用笔"。句中"倒寫"是书寫、誊录的意思。书寫同义,在《汉书·艺文志》中也可以得到佐证:"武帝置寫书官,寫字始作钞録解。"可以想象,在古代没有复印机,政府文件是需要大量人员誊录的。

这样,我们大致可以归纳出,"写"字的本义,原本是移置、放置的意思,但到了汉代,这个字的基本意义已经引申为如下三种:

(1)用笔做字,如写字;

(2)誊录,如抄写;

(3)描摹、叙述,如轻描淡写、写生、速写。

这样的字义一直使用到今天没有改变,而其移置、放置的本义已经在语用中消失了。之所以发生这样的变化,其原因在于原本"用笔做字"的本字——"書",它的意义也发生了很多变化,以至于后期的意义成为人们日常使用的主流。

目前所见最早的"書"字见于西周颂簋的铭文。《说文》释曰:"書,箸也。从聿,者声。"徐灏注笺:"書从聿,当以作字为本义。"《释名·释书契》:"書,亦言著也。著之简纸永不减也。"

图 10-1 西周颂簋

图 10-2 颂簋铭文

"聿",《说文》:"所吕書也。"吕,即以字。段玉裁注曰:"以,用也。聿者,所用之物也。"可见"聿"即今之"笔"字。而罗振玉在《增订殷墟书契考释》中,解释甲骨文中的"聿"字为"此象手持筆形"。这句话明确地告诉我们,在甲骨文时代已有今日毛笔样的写字工具了。

甲骨文是用锥样的工具刻出来的,但当时的毛笔又是在什么地方去写字呢?至今的考古没有给我们答案。只是《尚书·多士》中的一句话:"惟尔知,惟殷先人,有典有册,殷革夏命。"透漏给我们,夏朝时期商氏族已经有了"册"和"典",这两个字的字形明明白白地告诉我们,当时已经有了简的存在。简,则证明了使用毛笔的写的存在。

那么,"刻"呢?

中国人对刻字从来不乏兴趣,从甲骨文开始,到商周金文,到战国古玺,到历代官印,到摩崖镌石,到碑铭刻经,到匾额楹联,到雕版或活字印刷,乃至文人艺术诗书画印之篆刻,刻字的历史从来没有断绝过。

刻,《说文》:"刻,镂也。从刀,亥声。"段玉裁注曰:"《释器》曰:'金谓之镂,木谓之刻。'此析言之,统言则刻亦镂也。"

据今日所能见到的实物资料,甲骨、金文中没有见到"刻"字。最早的"刻"字见于1975年出土的湖北云梦睡虎地秦墓竹简《为吏之道》。可知"刻"字出现的比较晚,是战国文字。

睡虎地秦墓竹简,又称睡虎地秦简、云梦秦简,是指1975年12月在湖北省云梦县睡虎地秦墓中出土的大量竹简,内文为墨书秦隶,写于战国晚期及秦始皇时期。

而在更早些的古文字中,表示"刻"的意义的,应该是"契"字。契字由来有自,在

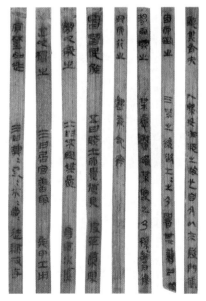

图 10-3 睡虎地秦墓竹简

前文中，已有较多的叙述，此处不再赘言。比如《吕氏春秋·察今》："楚人有涉江者，其剑自舟中坠于水，遽契其舟曰：'是吾剑之所从坠。'"这个故事我们今天称之为"刻舟求剑"。汉代《淮南子·齐俗》记载："故胡人弹骨，越人契臂，中国歃血也。"高诱作注曰："刻臂出血。"以上两例都可佐证"契"即"刻"也。

现代汉语我们常用的是写与刻，上古汉语至中古汉语文献中多见的是书与契。书契连用的例句屡见不鲜。

《易·系辞下》："上古结绳而治，后世圣人易之以书契。"

《书序》："古者伏羲氏之王天下也，始画八卦，造书契，以代结绳之政，由是文籍生焉。"

许慎《说文》："黄帝之史仓颉，见鸟兽蹄迒之际，知分理之可相别异也，初造書契，百工以乂，万品以察，盖取诸夬。"

《资治通鉴》晋安帝隆安三年："珪曰：'书籍凡有几何，如何可集？'对曰：'自书契以来，世有滋益，以至于今，不可胜计。苟人主所好，何忧不集。'"

清龚自珍《西域置行省议》："东南临海，西北不临海，书契所能言，无有言西北海状者。"

朱自清《经典常谈·〈说文解字〉》："'契'有'刀刻'的义；古代用刀笔刻字，文字有'书契'的名称。"

古籍中书契连用的现象，隐约告诉我们，文字初始时期，或书或契都是有的，至于孰先孰后已无法追究。中国民间早有蒙恬造笔之传说，蒙恬是秦朝时人，但上文所列举的云梦睡虎地秦墓竹简说明，早在蒙恬出世之前已用毛笔书写，可见毛笔的发明创造会出现得更早。

但不管是书也好契也好，或者说写也好刻也好，所出现的文字效果，都是笔画呈线条状的。这一点至关重要，因为它取决于中国人的线性思维特征。

第十一讲　笔画源于中华文明的线性思维
——有序和线性是汉字的灵魂

　　人类由野蛮进步到文明,用了数万年的时间,至今成了众生之灵。从野蛮跨越到文明的关节点,是人类掌握了语言这一交际功能。人类从使用语言到发明文字,是人类又一次伟大的进步。这一次人类由文明进步到高级文明。

　　随着文明的积累和丰富,人群在不尽相同的天文地理环境中,逐渐形成了差异的生活类型和表现,这些就是我们统称之为文化的东西。

　　文化是社会生活的产物,社会生活发生变化,文化自然也会跟着发生变化。同时已成型的文化,还会受到其他文化的影响,一般来说,强势文化会影响、融入弱势文化,反过来弱势文化对强势文化的影响是微不足道的。历史上的中日文化交流,就是典型的强势文化影响弱势文化。

　　在文化的发展和变异中,语言文字起了重要的作用。大家知道,语言是进入文明的第一道门槛,语言是文化的基因。没有语言文字,文明和文化就失去了进步的条件。汉语是中华文化的基因,汉字是中华文化赖以存在数千年而没有消失的最坚强的柱石。

　　文化的核心,是信仰、价值观和思维方式的总和,是蕴藏在一个民族的思想和灵魂深处的东西。尤其是思维方式,毫不夸张地说,思维方式是文化的核心中的核心。因为它决定了文化的历史走向。

中华文化是农耕文化。在这片土地上,人们的生存方式是由大自然(天时地利)安排的。四季分明的规律性气候和两条大河的冲积平原,决定了中华民族用二十四节气等专业知识来精耕细作,从而获得有规律、有序、线性而有节奏的、稳定的生活。其中有序和线性,构成了中华民族最为典型的思维方式。

而正是这种线性的思维方式,造就了中华民族对一切事物的哲学看法,包括引导中华民族走向文明的语言和文字。

不容否认,在当今世界上,如果有人问哪一种语言最难学?恐怕九成以上的被问者会回答是汉语。这个答案是准确的,因为它包括汉字的学习。不错,世界上绝大多数语言的音素文字,只需 20~40 个字母,对这样的国家来说,扫除文盲大概只需一个月的时间就够了。但汉字则多达几万个,即便是通用字也多达 7000 字,这对于任何人来说都是一件困难的事情。中国人常说十年寒窗苦,其实绝大部分时间是用来识字、认字、写字的。所谓识字,是要用眼睛辨识清楚字的形;所谓认字,是要用耳朵掌握它的读音,用头脑记忆它的意义;所谓写字,是要用手掌握每一个汉字的笔画、部件、整字和笔顺的安排。

我们试举一个最常用的汉字"和"为例,在商务印书馆出版的《现代汉语词典》中,"和"字有 2 种写法,和、龢;5 个读音,hé、hè、hú、huó、huò;以及 16 个义项,而这 16 个义项以语素的身份所能组成的汉语词语是无数的。这就是汉语汉字,而这还仅仅是一个字的普通用法,倘若我们试着再深究一下,"和"字的第一笔,为什么要从右向左写成"撇"而不能从左向右写成"横"或"提"?"和"字中的"禾"与"口",与整字"和"又有什么关系?"和"与"龢"的写法为什么不一样?它们的造字理据站得住脚吗?

一种文字本是一种语言的衍生物,汉字是因应汉语而生,所以汉字的本质特征,也一定是汉语的本质特征。学写汉字是天下第一等难事,那么学说中国话呢? 恰恰与前相反,很多学习汉语的外国人认为学说中国话很容易。笔者从事过多年的对外汉语教学工作,据笔者的经验,一个零起点的外国成年人,学习汉语只需 10~12 个月,便可基本掌握汉语而与中国人做最基本的交际沟通。这一点足以使学习外语数年而不能开口的中国人汗颜。

原因何在呢? 说来简单。西方语言是综合语,综合语虽然字母简单,但有着复杂的句法和词法,一个单词因其在句中的语法地位的不同,会有着性、数、格、位的词形变化。而汉语是孤立语,虽然汉字难识、难认、难写,但汉语语法十分简单,简单说,汉语是依靠语序和虚词来表达语法意义的。学习汉语,当掌握一定数量的汉语词后,只需记住汉语的固定语序,将汉语词按语序的要求排列起来就完成了语言的组织要求,其语词,不论是句中的什么成分,完全没有性、数、格、位的字形变化。故而只要不去写汉字,说中国话是相对简单的事情。

固定的语序,说到底,是中国人的线性思维的表现。漫长的历史岁月培养了中华民族的线性思维方式,而语言正是思维的具体活动形式。思维是线性的,语言当然也是线性的。

汉字是汉语的延伸发展。汉语是中华民族线性思维的产物,汉字也当然是中华民族线性思维的产物。中国文字源于图画,早在还没有文字的 6000 年前的仰韶文化时期,彩陶上的具象图案,已经具有了线条的特征。这些绘有人物、动物和植物的具象图案,都是经过高度概括变形的,有拙朴的装饰趣味,大多数近似于符号,比如最典型的人面鱼图案。这些流畅的图案的绘制,说明当时已经有了兽毛制成的笔类工具,其线条的华美、流畅,完全是工匠的意识流所致。由此发展下去,中国的绘画始终具有线条特征,迄至今日,我们欣赏中国的艺术作品,其线条的功力,仍然是鉴赏评价作品高下的重要的标准之一。

正如大至宇宙星云小至分子原子,其构成形式是一样的。我们所讲的一

图 11-1 仰韶文化彩陶

个民族的文化、思维、语言乃至文字，其构成和形式也是一样的。线性的思维决定了中华文化上层建筑的一切。同理，小到一个汉字，它的构成和使用也是线性的序列排列。

我们称一个完整的、可以语用的汉字为整字，整字由一个或数个构造紧密的部件组成，而部件由一个或数个笔画组织在一起而构成，笔画则是笔落在文字承载物上滑动一直到离开为止所造成的一个连续的痕迹。笔画不可再分割，因此笔画是汉字的最小独立单位。笔画可长可短，短至小小的"、(点)"，长至"乃"字中的"㇄(横折折折勾)"。但不论笔画的长与短，每一个笔画都有起笔、行笔和收笔的线性过程。而笔画组成部件也有一个笔顺的线性序列过程，同样的，部件也需按照一定的先后线性顺序来组成整字。一个整字的写作，是由三级的线性过程来完成的。其后再周而复始的完成后面汉字的写作，最后线性地组成一个汉字的句子、句群和篇章。

那么，汉字的笔画有多少种呢？很遗憾，这个问题我们的专家至今还在争论。汉字的笔画可分为基本笔画和派生笔画两种，基本笔画有 5 种、6 种、7 种、8 种之说，派生笔画更无定论。

所谓 5 种说，我国国家认定的标准语言文字工具书，将基本笔画分为 5 种：一(横)、丨(竖)、丿(撇)、、(点)、乛(折)。

其余几种说法则分别增加了㇀(提)、㇏(捺)、亅(钩)。而 5 种说则是将㇀归入一，㇏归入、，亅归入丨。5 种说的目的是将笔画更归于简化、笼统，从而使分析字形时更方便和在工具书中查找汉字更简捷。但历史上由于书法界对"永字八法"之说的传承，而使 8 种说在民间似更有市场。

所谓派生笔画则是基本笔画的形变和复合,有二十余种之多。仅以一(折)为例,就包括了无钩折、含钩二合折、含钩多合折三种情况。

图 11-2 永字八注

无钩折是由横、竖、撇、点、提、捺等基本笔画二合或多合构成。如口、又、计、朵、凹、凸、及、民、山、四、专、鼎、女、公等字中,均含有无钩折。

钩在汉字笔画中是特殊的一笔,其必须黏附在其他笔形的尾部。如果只是黏附在一个基本笔画之后,则称之为含钩二合折。如买、小、代、家等例字。

如果在钩之前是多合折,则称之为含钩多合折。如月、风、九、队、乃、心、儿、马等例字。

从上述文章可以看出,汉字的笔画是复杂多样的。西方的音素字母文字简便易学,其原因就在于其字母的笔画简单。西方音素字母的两大主流,希腊字母和拉丁字母,主要由 0 形和 1 形构成,0 与 1 稍加变化,便构成了全套字母体系。而汉字则依赖笔画的变化多样,在有限的二维空间里,组合成富于想象的图画或符号效果,从而表达海量的内涵意义。换言之,没有复杂多样的笔画,便没有复杂多样、海量内涵的汉字。

第十二讲　汉字的结构
——笔画、部件、整字的三级构成

　　大凡诸多事物,基本都是由三级构造构成,即基本元素—部件—事物整体。汉字亦如是。汉字的三级构成,指的是笔画—部件—整字。一个汉字不是由诸多笔画无原则堆砌而成,常常是一些笔画先构成相对稳定的部件,再由两个或多个部件组合成整字。

　　汉字,可以由一个笔画构成,如一、乙,也可以由多个笔画构成,如自(6画)、鼻(14画)、鼾(17画)。

　　在多个笔画构成的汉字中,可能由笔画一次性组合成一个整字,如"自"字,这个字造字的原始本义是指人的鼻子。古"自"字是鼻子的象形;今"自"字已假借为"自己"的意思,而不再含有"鼻子"的意思,但在由"自"与其他笔画构成的汉字中,有时仍带有鼻的语素意义。

　　"鼻"字,就是这样,有一个"自"在整字的上部,用以表义,下半部的"畀",用以表示这个字的读音。那么,我们看到这个字包含了两大部分,一部分表示字义,一部分表示字音,而这两部分分别是由不同的笔画组成并以一个独立身份参与了一个汉字的最后组成。中国历史上传统地把它们称之为偏旁,更准确地说,在这个字中一个叫作形旁,另一个叫作声旁。

"畀"也是一个独立的汉字。《说文》释曰:"相付与之。""从丌,由声。"但"畀"在"鼻"字中作为一个整体充当表音的偏旁使用,其内部便不再拆分了。

这样,我们看到"鼻"字的三级构成,第一级为 14 个笔画,第二级为"自"与"畀"两个偏旁,第三级为"鼻"的整字。这是传统文字学对"鼻"字的分析。

传统文字学在中国有将近两千年的历史了。自东汉年间中国第一部字典《说文解字》问世,其"六书"的造字理论深入人心,至今仍然是人们认识汉字的最好途径。从书名上就可以看出,许慎将汉字分为"文"和"字"两大类。用今天的话来说,"文"是独体汉字,不可拆分,如文、人、民、虫、鸟等;"字"是合体字,可以拆分为两个或两个以上的组字偏旁,如字、众、休、鼻等。

《说文解字》对中国最大的贡献,是其提出的"六书"的造字理据,并找到了将众多汉字分类排序的方法。许慎将 9353 个汉字按照偏旁的种类分为540 部,这样又提出了部首的概念。如"木"部:橘、橙、柚、楂等。

根据功能性质的不同,部首可分为两大种类:一种是造字法原则的部首,它严格依照"六书"体系,只有同一意符的字才可隶属同一部首,这种部首始见于《说文解字》。过去,人们习惯称之为识字部首,即我们在识字学习时所说的部首,通常是指合体字的表义偏旁,如亻(单人旁)、扌(提手旁)、氵(三点水)、宀(宝盖头)、心(心字底)、囗(同字框)。这类部首是合体字的构字部件,可以帮助学习者了解字义。

另一种是检字法原则的部首,它是按字形结构,取其相同部位,作为查字依据,分部排列,以其相同部位为部首,此种部首始创于唐代问世的《五经文字》。如"甥""舅"二字,《说文解字》根据"六书"体系,都归男部;《康熙字典》则依检字法原则,以"甥"入生部,"舅"入臼部。此种部首专用于各类工具书的部首检字。检字部首与识字部首大体是一致的,但有个别情况是不同的。例如"视"字,《现代汉语词典》将"视"收入"礻"部,而《汉语大字典》将"视"收入"见"部。两部工具书仁者见仁,智者见智。

现代汉语字典、词典采用检字法原则的部首划分法,按照汉字字形结构,取形体偏旁相同者为一部,各部首字和部内字一概以笔画多少排序,笔画数相同者又依次以横(一)、竖(丨)、撇(丿)、点(丶)、折(乛)为序。如《汉语大字典》《现代汉语词典》《新华字典》等皆采用此体例。检字法原则的部首较之造字法原则的部首,更便于检字。

由于汉字,是由不同的汉字的使用者在不同的时间、不同的地点、出于不同的造字理念而分别创造的,加之汉字的形体演变和时代流行的趋势,汉字的形体是多变的。

例如"砖"字,就有 4 种不同的形体:砖、甎、塼、磚。这 4 个砖字,有繁体字、有简化字,有从制作材料考虑的,有从制作工艺考虑的,有从实物性质考虑的。汉字多变,部首也自然多变。上述 4 个砖字,其部首就分属于石部、瓦部、土部。这就为我们使用和在工具书中检字带来麻烦。

从古汉字到今天使用的现代汉字,虽然有相承的脉络,但毕竟发生了很多变化。为此,文字整理工作是国之大事。1983 年我国政府发布《汉字统一部首表(草案)》,在此基础上,《汉字部首表》问世。《汉字部首表》规定了汉字的部首及其使用规则,主部首 201 个,附形部首 99 个。其使用规则是,一般以主部首为主,但在某些情况下,可以根据需要做变通处理。这一规范主要适用于工具书编纂、汉字信息处理和其他领域的汉字排序检索,也可提供汉字教学参考。

1899 年,一个偶然的契机,中国发现了甲骨文。甲骨文的问世,极大地冲击了以《说文》为核心的传统文字学,引发了中国学界对汉字的更深入的研究,尤其是中华人民共和国成立后的汉字简化与规范,对文字学提出了更高水准的要求,在此基础上,现代汉字的概念被提出,现代汉字学成为一门新的学科。汉字历史悠久,几千年来,汉字的形、音、义,都发生了很多变化,所谓形声字中,声符已有 4/5 不准确表音,而形符的表意,也由于形体的变化,解释起来颇多牵强。因此,现代文字学更强调现代汉字的符号意义。

当今的时代，汉字面临着两大问题：一个是计算机的普及应用，一个是汉语的国际推广。

计算机应用深入我们生活的方方面面以后，汉字的输入法一直是计算机应用者首先注意的问题。有人将汉字整字切分为相对较小且稳定的笔画组合，然后由一定量的笔画组合再拼成整字。这使得复杂的汉字变成了简单的模块组合，专家们为笔画组合命名为"部件"。后来，在汉字的国际推广中，面对复杂字形一头雾水的外国学习者，也在掌握了一定量的部件后，轻松地看到了汉字的真面目，使得汉字学习不那么困难。关于部件的研究也由此开始。

现代汉字学认为，部件是汉字的基本构字单位，它介于笔画和整字之间。独体字的构成只有一个部件，如人、文。合体字的构成则为部件的组合，但部件的组合也是有层次的，如上文所列举的"鼾"字，第一级切分为"鼻"与"干"，第二级切分"鼻"为"自"与"畀"，第三级切分"畀"为"田"与"丌"。这样逐层分解，"鼾"字分解为"自""田""丌""干"四个末级部件。末级部件是最小的构字部件。这一理论要比偏旁的切分更细致，其明显的切分根据是部件与部件之间存在着"分隔沟"。

这就是现代汉字学的汉字构成的层级理论。部件的提出，为计算机汉字字码的编写以及汉字教学提供了极大的好处，但对于有一定汉字知识和数量储备的汉字应用者来说，偏旁之说仍是得心应手的。

第十三讲　文与字

——中国的第一部字典《说文解字》

　　我们现在常常会把文字两个字连起来当作一个词来使用，但在古汉语中，文与字是两个意义有联系但不对等的单音词。

　　文，《说文解字》释曰："错画也，象交文。"甲骨文和金文，字形像站立着的一个人，胸部突出并绘有花纹。可见"文"是象形字，意思是"纹身"，即《说文解字》所说的"交错的花纹"。这是"文"字的本义。但《说文解字·叙》中还有一段话："黄帝之史仓颉，见鸟兽蹄迒之迹，知分理之可相别异也，初造书契，依类象形，故谓之文，其后形声相益，即谓之字。"在这里，我们可以看到这样一些意思：远古时期，仓颉看到地上的兽迹，领悟到不同的纹理可以表示不同的事物。于是开始创造文字，按照形状画出图形以表示这个事物，并把这个画出来的图形叫作"文"。"文"有了今之"文字"的意思，但这个"文字"是"交文"，也就是说，这个"文字"是笔画交错不可分割的。这种"文字"就是我们今天所说的独体字。

　　字，《说文解字》释曰："乳也。从子，在宀下。子亦声。"其本意应是"养育"的意思。这种字义一直到唐代仍在使用。柳宗元《种树郭橐驼传》有言：

"字而幼孩,遂而鸡豚。"可证。但在汉代,"字"已被当作"文字"的意思使用,不过与今日之"字"不同。我们今天所说的"字",泛指"文字",而当时只能指称"文字"中的一部分。在《说文·叙》中明确提到:"独体为文,合体为字。"又曰:"形声相益,即谓之字。"那么,"字"应该是指由两个或两个以上部件组合成的文字。

文与字不同,于是东汉许慎在编纂中国第一部字典时,便命名为《说文解字》。"说"者"说明","解"则意味着"拆分解说"。

《说文解字》,是中国最早的对后代影响极大的一部字典。东汉许慎作此书,是根据前代古文,用分析文字结构的方法和理论,推敲文字的本意,为古文经学张目。

西汉时期,五经立于学宫的是用隶书所写的文本。当时的学者因不明古人的造字条例,根据当时流行的隶书字形,随意口说,以致谬误流传。一直到用古文书写的文本出现后,一些学者探求文字的本原,重新解说五经,因此出现了与当时流行的经文解说不同的版本。当时,人们将流行的经文解说称之为今文经学,而将新出现的古文经书及解说称之为古文经学。在古文经学的形成发展中,《说文解字》的问世,既颠覆了今文经学的正统地位,也成就了古汉语文字学的顶峰,并领导我国文字学发展了 1800 年。

许慎所著《说文解字》,成书于汉和帝永元十二年(100 年)。至公元 1899 年清王懿荣辨识甲骨文,其间历 1800 年历代学者研究,《说文解字》学成绩斐然,尤其是清代学者段玉裁《说文解字注》、桂馥《义证》、王筠《句读》、朱骏声《说文通训定声》四家,更将许学推向巅峰。关于《说文解字》的研究,世间的人们更多的是把该书与"六书"捆绑在一起。也就是说,由《说文解字》而引发人们的兴趣焦点集中在汉字的形体结构和造字法上而不是儒家经书的解说。从这一点上看,似与许慎的著书旨趣有背。

许慎在《说文解字·叙》中说:"俗儒鄙夫翫其所习,蔽所希闻,不见通学,未尝睹字例之条,怪旧艺,而善野言。……盖非其不知而不问,人用己私,是非无正,巧说衺辞使天下学者疑。……今叙篆文,合以古籀,博采通人,至于小大信而有正,稽撰其说,将以理群类,解谬误,晓学者,达神恉,分别部居,不相杂厕。"

许慎明确表明著书的目的是因为当时社会"人用己私,是非无正,巧说衺辞",而自己将"解谬误,晓学者,达神恉"。也就是说,许慎的关注焦点是文字的字义。从当时字词同体的客观事实来考虑,《说文解字》更准确地说是起到了词典的作用。

纵观《说文解字》全书,从体例来看,全书 15 篇,卷末叙目别为 1 篇,其余 14 篇分为 540 部,共收字 9353 字。每部文字的排列主要本着 3 个原则:

(1)文字在应用上的意思是属于好的、善的列在前面,属于贬义的、不好的意思列在后面;

(2)一部之内,属于专名的列在前面,属于普通事物的列在后面;

(3)一部之内,义类相近的序次在一起,以便寻检。

其次,在每一篆文之下,先言义,后言形体结构,最后或说明读若某。小篆之外,如有籀文、古文异体,则列其下,名为"重文"。举例如下:

磬:"磬,石乐也。从石。声象悬虡之形。殳,所以击之也。古者毋句氏作磬。殸,籀文省。硁,古文从巠。"

声:"音也。从耳殸声。殸,籀文磬。"

为了准确而科学的解释字义,许慎把汉字的构成和使用方法归纳为六种类型,总称为"六书"。

但"六书"非许慎首创。"六书"一词出于《周礼》,《周礼·地官·保氏》:"掌谏王恶而养国子以道,及教之六艺,一曰五礼,二曰六乐,三曰五射,四曰五驭,五曰六书,六曰九数。"此段话中,"书"是写字的意思。古代印刷术出现较晚,得书难,儿童入学先写后读,所以书艺包括识字、写字和用字,是文字之学。

《周礼》是春秋时作品,传自儒家。西汉末,刘向之子刘歆崇信《周礼》,大力提倡并凭借政治力量在大学设立博士。刘歆《七略》："古者八岁入小学,故周官保氏掌养国子,教之六书,谓象形、象事、象意、象声、转注、假借,造字之本也。"

其中"四象"指的是文字的形体结构。"四象"之名学术性强,但在语言或书写上易发生混淆,造成不必要的错误。不久,其后学便做出了修正,如郑众《周官解诂》将四象改为象形、会意、处事、谐声。转注和假借的名称没有改变,二者是文字的使用方式,转注重在字义,假借重在字音。

许慎受刘歆启示,耗费几十年精力整理汉字,编成《说文解字》。书中,许慎再次修订了"六书"的名称并加以学术界定。在《说文解字·叙》中,许慎给"六书"所下定义如下:

一曰指事,指事者,视而可识,察而见意,上下是也;

二曰象形,象形者,画成其物,随体诘诎,日月是也;

三曰形声,形声者,以事为名,取譬相成,江河是也;

四曰会意,会意者,比类合谊,以见指㧑,武信是也;

五曰转注,转注者,建类一首,同意相受,考老是也;

六曰假借,假借者,本无其字,依声托事,令长是也。

许慎六书说的成就在于:

(1)排定"六书"次序;

(2)修正四象之名,使意义更加准确明显;

(3)"六书"名下分别加以解说,并举例以说明之。

从此,"六书"成专门之学,并成为中国文字创造适用的标准。但后学者并没有止步于此,我们今天认定的"六书"次序是象形、指事、会意、形声、转注、假借。为什么会有这样的改变,容我们在后面再说。

在"六书"的命名中,许慎的最伟大之处,在将"象声"更名为"形声"。"形声"一名,准确地界定了这类字的两个组成成分。其后,这一界定成为新汉字创造的铁律。形声字在目前发现的甲骨文中占比 20%,《说文解字》中则占比 80%,迄至今日,形声字在全部汉字中已占比 90%以上。这一组数字说明《说文解字》对后世汉字的发展、使用的指导意义。

从此,合体的"字"成为中国文字的标准称名。而这一切都归功于《说文解字》一书。

第十四讲　象形

——汉字的一级平台

　　形声字虽然在汉字中占有绝对比例,但它是汉字创造发展的高级阶段的产物。

　　中国文字的前身是族徽一类的图画文字,而图画文字的本质无疑是赋予了一定意义的图画。因此,中国文字的本原是图画,由于中华民族的线性思维属性以及手中工具的使然,图画采取了线条构成的形式。此后,人们在对社会事物认识的逐步深化之后,线条的图画逐步演化为线条的图画文字,并最终演化为线条的文字。

　　按照上述路线的推导,最初的文字理应是象形而不是指事。指事虽然比象形还要简单,但它已有抽象的概括。在人类的认识发展中,抽象概括远比具象的描述要晚出现得多。从这个意义上来说,今天的学者将指事排在象形的后面,其认识远比许慎要高明和准确。

　　人类绘画的基本目的是对世间万物的描摹。汉字从图画发展而来,象物性自然是它的基本属性。但汉字不等同于图画,汉字是以线条的形式概括事物的本质特征。

从最接近原始汉字的甲金文来看,"山"字突出了峰峦的起伏嵯峨,"水"字强调了水流的屈曲潺湲。"虎"字描绘了大头、利齿和彪炳的虎皮斑纹,而"豕"字只突出了令其步履蹒跚的大肚皮。将一个人形站立起来,是表示活着的"人";将一个人形放倒下去,是表示死了的"尸"。"鳥"则有头、有目、有喙、有翅、有尾、有爪;"烏"同样是鸟,但其通体黑色,远观则看不清它的眼睛,那就把眼睛去掉。如此种种,只要抓住它的特征就可以。

汉字的部首大多是象形的。

厂:一面敞开的房屋建筑形。

匚:古代的一种方形盛物器。《六书故》:"器之为方者也。"

卜:殷商占卜时龟甲的兆痕。

人、亻:站立的人形。

勹:做怀抱状的人形。

匕:长柄浅斗的取汤器具,如今之汤匙。

儿:兒的简化。兒,小儿形。

几:小桌子形。

冫:冰中的纹理状。

冖:覆盖状。

凵:张口状。

卩:跪坐之人形。

刀:刀形。

力:《说文》:"筋也。象人筋之形。"象肌肉收缩状。

又:右手。

工:工匠所用曲尺。

土:土壤。

廾:双手捧物状。

大:人形。

口:口形。

囗:城邑状。外形轮廓状。

巾:缠束或覆盖用的织物。

山:山形。

夕:月形。

广:一面敞开的房屋建筑形。

門:对开两扇门形。

宀:房屋建筑形。

尸:躺着的人形。

己(已、巳):蛇形。

弓:弓形。

子:襁褓小儿形。

女:跪坐的女人形。

馬:马形。

王:斧钺形。

玉:玉串形。

木:树形。

支:手握树杈形。

犭:犬形。

車:车形。

戈:戈形。

牙:牙齿咬合状。

瓦:瓦片咬合状。

止:脚趾形。

攴(攵):手握棍棒扑打状。

日:日形。

曰：张口说话状。

贝：贝壳形。

见：有眼睛的人形。

牛：角向上的牛头形。

手：手形。

毛：羽毛形。

气：蒸腾的水汽形。

长：长发状的人形。

斤：斧形。

爪：手心向下的手形。

父：手执斧，男人工作状。

月：半月形。

欠：打哈欠的人形。

殳：手执兵器状。

文：有纹身的人形。

方：带木枷的人形。

火：火焰状。

斗：长柄舀汤的食具。

户：一扇的门形。

心：心形。

水、川：流动的水形。

示、礻：男性生殖器形。

石：崖下石块形，或磐石形。

目：眼形。

田：阡陌纵横的土地。

皿：碗碟杯盘一类的食具。

生:草木从地上萌生。

矢:箭形。

禾:穗头弯下的稻禾。

瓜:有果实有枝蔓的瓜形。

鳥:鸟形。

疒:躺在床上的人形。

立:正面站立在地上的人形。

穴:土室洞窟形。

疋:脚形。

癶:两足形。

矛:武器形。

母:跪坐的可哺乳的女人形。

耳:耳形。

老:长发,手扶小儿的老人形。

臣:眼睛形。

面:人的面部形象。

而:络腮胡形。

頁:有头部特征的人形。

至:鸟从高处飞到地上的样子。

虫:蛇形。

肉:肉形。

网(罒):网形。

缶:盛酒浆的瓦器。大腹小口有盖。

舌:口中伸出舌头状。

竹:竹叶下垂状。

臼:中部下凹的舂米器具形。

自:鼻形。

血:器皿中盛有血的样子。

舟:船形。

衣(衤):上衣形。

羊:角弯曲向下的羊头形。

米:散落的米粒形。

聿:手握毛笔状。

屮:草叶向上萌生状。

糸:一束细丝状。

羽:一对羽毛的形状。

豆:高足有盖的食器形。

酉:酒器形。

豕:猪形。

足:人体下肢形。

身:有身孕的人形。

豸:猫、虎之类的动物。

龜:龟形。

角:有蹄类动物头上的角。

雨:雨水从天而降。

黾:龟,蛙形。

隹:短尾鸟形。

金:土中块状的金属样。

魚:鱼形。

隶:手执工具劳作样。

鬼:殷商时生活在西北地区的相貌与我不同的异族人。

食:内装食物的有盖食具。

首：以眉眼代头部。

飛：飞，鸟飞翔状。

鬲：古代炊具。陶制或金属制。圆口，三足，足中空而曲。

鬥：斗，争斗样。

高：高层建筑样。

黃：大腹、肤黄的病人形。

麻：檐下晾晒麻类植物的茎皮。

鹿：以头上的角和善跑的四肢为代表的鹿科动物。

鼎：商周时煮肉的器物。金属制或陶制。圆腹三足两耳，也有方形四足的。后为礼器。

黑：无冠的人形，光头，肤黑。

鼠：啮齿类动物。突出其利齿、细爪、长尾。

龠：用竹管编排成的乐器，如排箫类。

以上举例可以使我们看到，汉字部首基本由独体字组成，而且基本上是象形的。或者准确地说，汉字的生发历史，即是由原初的图画文字，一步步走向了由线条构成的象形字，并以此为构件再组合为其他字形。

有些外国人不求甚解，笼统地说"汉字是象形字"，这固然是不对的，但多少也抓住了汉字的基本性征。尽管汉字在隶变以后变得不那么"象形"了、符号化了，但其具象的"基因"仍是依稀可辨的。

许慎在给象形字所下的定义"画成其物，随体诘诎"中强调，首先要有"其物"，其次强调的作为是"画"，这说明象形字描摹的形象必是客观的。但这是"文"而不是"画"，"文"是对形象的高度概括，是一些"诘诎"的线条。

客观地说，汉字中的象形字是比较少的，所谓比较，是针对"六书"中的其他五种造字方法而言。据清王筠《文字蒙求》统计，在《说文解字》所收 9353 字中，独体象形字不过 264 个。我们今天可以知道，自《说文》以后，汉字的创造从来没有停止过，但独体象形的问世却很少，只有"伞""凹""凸"数字而已，也许还要加上前几年出现的网络汉字"囧"。

汉字中的象形字是少的,这是事实,但这些不算多的象形字在其他合体汉字中以部件的身份构组了千万个汉字。尽管有些已难以推敲其原始意义而被学者称之为"符号",但象形确实是汉字产生的基础中的基础,也就是我们所说的"一级平台"。

当然,这"一级平台"还理应加上指事字。因为指事字在许慎的分类中也是"独体为文"。从构字方法来讲,除了一些纯粹的指事符号,如"一""二""三""上""下"外,还有一类是在独体象形字的某个地方上加注点画符号,以表明指事意义。以"刀"字为例:

"刀"是一个独体象形字。在这个独立的字形上,将标识指事意义的"、",放在"刀"的一侧,表示这是"刀"最锋利的一侧,即是"刃"字。

将短"丨"放在"刀"尖处,表示刀尖缺损,就有了"失去"义,从而引申出"死亡""逃亡"的意义,这就是"亡"字。

将两"、"安排在"刀刃"的两旁,则表示刃部的崩缺损坏,以至于掉下碎块,从而引申出"不要"的副词用法,这就是"勿"字。"勿"字在隶变之后,两"、"演变为两"丿",于是写成了今天的"勿"字形。

刃、亡、勿,今天都把它们认定为独体字。但它们都是由一个完整的"刀"字做基础,去和表示指事意义的笔画结合,从而构成一个完整的独体字形。

类似这样的还有以"木"为基础的,添加指事符号而构成新字,如"本""末""未""朱"等。

指事字是中华先祖在创造文字时的灵光闪现。独体象形字因其局限本来就很少,而能够标注指事符号的就更少。指事虽然是"六书"中的一类,但据清代王筠《文字蒙求》统计:《说文》中,指事字不过才129个,且后世似也没有再按此法创造新字。

指事字和象形字虽然数目少,但可以以部件的资格造成以千万计数的合体字。而那些合体字则属于汉字的"二级平台"了,合体字尽显中华民族的集体智慧,但没有简单的、数量很少的象形字和指事字,中华民族的庞大的文字体系是不会形成的。

第十五讲　合二为一

——汉字创造的理据

会意是形象思维的绝妙构思，形声是阴阳合一的哲学思维。

和，是中华民族的精神追求。合二而一，是中华民族的哲学理念。中华民族在天地的大宇宙中生存，逐渐认识到独立的个体是渺小的，只有在和的大理念下，个体才能存在并发挥它的作用。

文字亦如是。象形与指事的独体字，区区 393 字，远不足以完成语言的交际任务。况且象形与指事字大都是名物的，而且必须是具象的，难以反映动态的社会生活和一些抽象的概念。

语言的功能是交际，交际常常围绕两大问题进行。第一是干什么，第二是怎么样。比如老派的中国人见面，第一句话是"吃了吗？"而回答必须是动词，"吃了，您呢？"或者是"还没吃呢，一起吃不？"新派的中国人见面，招呼语是"您好。"这是关于怎么样的问题，那必须用形容词或抽象词语来回答了。可见，语言交际中，动词或形容词是很重要的。象形字与指事字大都是名词，它们可以充当句子中的主语或宾语，但不能充当句子中重要的谓语。而谓语才是句子的核心和灵魂，它是由动词或形容词来充当的。在一个句子的表达中，我们可以省掉宾语甚至省掉主语,但不能没有谓语。当然事有例外,在某种情况下,我们可以用一个名词来表达一个句子,这叫独词句。比如突然发现前面有一条蛇,人们常常会惊呼:"蛇!"用以提醒大家。这便是没有动词或形容词的句子,但这不是语言交际的常态。

有声语言中动词、形容词及抽象词语的创造是容易的,只需将某种发音与意义捆绑,并加以约定俗成即可。但文字呢?文字必须能够表达有声语言的全部,否则就是有缺陷的文字。而汉字自问世以来,数千年间,语与文能够很好地匹配。我们的汉字能够很好地记录古汉语,也能很好地记录现代汉语的口语和书面语,这是我们的骄傲。

汉字能够表达汉语交际句子的各种组成成分,是因为我们除了有为数不多的独体象形字和指事字以外,我们的文字体系中还拥有功能强大的会意字和形声字。而这两种汉字,它们的造字原理即是中华民族独特的合二而一的哲学理念。

所谓会意字,按《说文》的定义是:"比类合谊,以见指㧑,武信是也。"元代杨桓解释说:"使人观之而自悟。"清代王筠在《说文释例》一书中解释说:"合二字三字之义,以成一字之义。"今天文字学家裘锡圭在《文字学概要》一书中定义为:"凡是会合两个以上意符来表示一个跟这些意符本身的意义都不相同的意义的字,我们都看作是会意字。"

综上所述,我们可以这样来判断:一个会意字,应该由两个或两个以上的意符组合而成,这个会意字的意义跟所组成的意符的意义不同,是由所组成意符之间的关系而产生的一个新的意义。准确地说,会意字是补救象形的不足的一种造字方法。当世间事物越来越繁复,而交际的表达越来越要求精密的时候,独体的象形字和指事字远不敷使用。于是人们拼合象形字用以表达更复杂的意向。如:休、宿、迎、逆、取、得、秉、兼、监、盥、冠、寇、舀、臽、删、明、名、即、既等。

这一类会意字产生于古文字阶段。古文字时期,象形字和指事字的形体虽然是诘诎的线条,但象物性是很明确的,人们很容易利用象物的法则去表示象事的内容,这一时期创造的会意字的字形仍有着相当浓厚的图画意味。但汉字进入隶变以后的今文字阶段,诘诎的线条变成平直的笔画,汉字变得完全不象形了。此时期创造的新兴会意字则不受象形的限制,完全利用字义来组合新字。如:尖、夵、籴、卡、志忑、嫑、掰、嬲、歪、孬、劣、覂、套、楞、嵩、尘、枭、籴等。

在汉字中,还有一种是由重复偏旁构成的会意字。但重复偏旁不一定都是会意字,如:艸、竹、絲。重复偏旁必须产生新意才是会意字,如:林、森、卉、蟲、犇、羴、鱻、磊、淼、轟、从、众等。

以"火"为例:

"炎",火上有火,为"火苗升腾"义,《尚书》"火曰炎上"引申为"热"义。

"焱"(yàn),不是大火,而是一群"火",因此有"火花""火苗"义。

以"口"为例:

"吅",①xuān,同喧,大声呼叫。②sòng,同讼。《广韵》:"争言也。"

"品",用方框代表物体,有物体"众多"义,引申为事物的种类。

但有很多品字形的字,因其读音不好掌握,后来都被其他字形代替了,例如:

"淼",水多,有"大水辽远无际"貌,同渺。"渺"为形声字,今以"渺"为正字,"淼"为异体字。

"犇",牛多,取"牛群惊走"的意思,同"奔"。"奔"为会意字,象"人在草上奔跑"状,其意境更佳。今以"奔"为正字,"犇"为异体。

"羴",羊多气味重,有"群羊""羊膻气"义,同"膻"。"膻"为形声字,今以"膻"为正字,"羴"为异体。

"鱻",鱼多,"鲜活"状,同"鲜"。"鲜"亦为会意字,取两种鲜美的肉类食品放在一起,更能突出其字的形容义。今以"鲜"为正字,"鱻"为异体。

会意字由于灵活的组合,使得汉字的表意被打开了一扇大大的门,作为单独使用的独体象形字和指事字，又有了一个新的语用作用——成为会意字的组合材料。在整个汉字群中，会意字远比象形字和指事字要多得多,它极大地丰富了汉字的语言功能。但是,比起形声字来,会意字又要逊色得多得多了。

形声字是中华民族的先祖们早在甲骨文时代就已经普遍使用了的一种造字方法。据学者统计,总数四五千的甲骨文字中,形声字已占到20%的比例。形声字的创造也是遵循合二而一的哲学理念。与会意字有所不同的是,两个组合部分有着明确的分工,一个表意,我们称之为义符;一个标音,我们称之为音符。这个标音的音符, 由于在识读上的无比的优越性而压倒一切,使得后世创造新字无不遵循形声的法则。不仅是新字创造, 还有很多象形、指事、会意字也逐渐地被新造形声字所替代。今天,人们公认形声字要占到汉字总数的90%以上,甚至有学者说,汉字的90%是形声字,所以应该被称之为意音文字,这个判断不无道理。

但形声这一造字方法不是凭空产生的。汉语从诞生之初就奠定了单音词的要素,语言是音义结合体,汉语语音数量有限,但汉语单音词是无限的,这就出现了大量的同音词。汉字问世之后,理论上要求汉字的一字应匹配汉语的一词,但在客观现实中,这一要求是做不到的。大量的汉语中的语词无法用象形、指事、会意的方法创造的,于是,在语用中人们借用已创造出来的文字来代替无法创造的文字,这便是"六书"中的"假借"。在目前见到的甲骨文卜辞中,假借字无处不在,几成为语用中的普遍现象。

我们以"其"字为例:"其"字最早的出现应是象形字,意为"簸箕"。但古汉语语用中,需要大量的虚词,虚词是无法用象物的方法创造的,其中一个常用虚词正好读音为"qí",于是人们便借用"簸箕"的"其"字代为虚词的"其"。这样一字二用的情况在甲骨文和金文中是很常见的。这种做法虽然是语用中的权宜之计, 但无奈中却触碰到了语言的核心本质。语言是音义结合体,其中的音是其物质属性。无论用什么方法创造的文字都必须赋予音的属性才能付诸使用。而汉语中存在大量的虚词,这些虚词在上古汉语时代,毫无例外只有选择假借这一条道路,甚至在中古汉语时代及近、现代汉语时代,仍有大量的抽象词语和外来音译词语也需要以假借的方法来充实语用。

假借是一种好办法,但它也有致命的问题。有的假借字通用后,原来的本义不再被使用了,如:"而",其造字本义原指男人的络腮胡,后假借为虚词,其原来的本义不再被使用。但也有假借字在使用时,其最初的本义仍在使用的,这样就易给文字表述带来歧义,如:"其"。在这种情况下,人们又想到了一个很好的办法,那就是,在假借字上再增添一个类属偏旁,用以表达本义,如"其"上增加"竹"字头,这样就出现了一个新字——"箕"。"其""箕",各行其是,很好地表达了语义。"箕"字可分为两大部分,一部分表达类属意义,一部分表达该字字音。这就是形声字,可谓完美地表达了汉字的形、音、义。

借助一个字的字音添加义符,这是最早出现的形声字。嗣后,在表意字上加注音符,也成了顺理成章的事了。如:鸦、鸭、鹅。

汉字的改革、发展的脚步从来没有停止过。它的发展是逐渐完美的过程。随着社会的发展,新字的产生越来越多。当汉字发展到今文字阶段时,因为事物的形象越来越复杂,象物性的象形、指事、会意字越来越难以创造,这时最好的办法就是利用形声的原理拼合新字。汉字,由四五千甲金文一下子增至万余的汉隶,再增至三万多的唐楷,再以后更一发不可收拾,其所增加者,应该都是形声字。

上文中,我们用到了"完美"一词。是的,形声的造字理念是完善的、科学的,但汉语的历史长河是动态的,随着时间的推移和社会人员的迁徙,语音会发生转移。然而汉字一经问世,它的形便固定下来,字音有了变化而字形没有变化,天长日久,标音的音符便不准确标音了。据学者统计,今天的形声字中还准确标音的,大约只占全部形声字的 1/5。

而意符的命运也不是永恒不变的。甲金文时代的诘诎象形,似可一目了然其中蕴含的意义,但汉字发展到籀篆时代,笔画趋向于匀圆对称的线条,象形已大打折扣,逮至隶楷的今文字时代,笔画又转为平直方正,所构成的独体字和合体字之部件,基本只能以符号相称,象物性大都已基本谈不到了。

形声字最大的形式特点,是可以切分为义符和声符两大部分。找到了这个字的义符部分,便可参考上下文的字义推断出这个字的意义,找到这个字的音符,便可大致读出这个字的字音,恐怕这就是先人们所说的"秀才识字认半边"吧。

纵观形声字的结构形式,其义符和声符并没有固定位置,也没有特殊的标志,这需要识读者依据个人的经验积累自行判断。其结构大抵可分为下述几种:

(1)上下组合式:如忠、花、简、字等;

(2)左右并列式:如到、部、健、功、视等;

(3)内外拼合式:如围、凤、赢、阔等;

(4)半包围式:如达、赖、颖、廣等。

因此,我们今天讨论形声字,大抵指的是它的成字阶段。客观地说,形声字在汉字的成长阶段,是主流,是当时认可的、科学的,但它也阻碍了汉字向表音文字发展的道路,从而造成了汉字系统的体量过于庞大,汉字的辨识、记认、书写过于繁难。这是汉字的致命缺点。

虽然汉字是一种有缺点的文字,但它与汉语相当匹配,且互为补救。中华民族只要口中还说着汉语,就不会放弃汉字,因为这个民族的思维是线性的,理念是合二而一的。线性和合二而一是中国人的灵魂,也是汉语汉字的灵魂。缺失了这个灵魂,中华民族便不成其为中华民族。

第十六讲 假借

——已触摸到文字表音的台阶

现在,我们再回过头来深谈一下假借。上古汉语时期,人们没有找到形声字这一相对好的方法之前,解决用字不足的唯一方法是借用同音或近音的已有的文字。这种方法人们称之为假借。许慎将其列为造字六书之一。但后世很多学者认为,假借与转注,没有创造新字,六书中象形、指事、会意和形声是造字之法,而假借与转注仅仅是用字之法。这种说法很有道理,因此也很有市场。

清代文字学家孙诒让在《与王子壮论假借书》中说道:"天下之事无穷,造字之初,苟无假借一例,则逐事而为之字,而字有不可胜造之数,此必穷之数也,故依声而托以事焉。视之不必是其字,而言之则其声也;闻之足以相喻,用之可以不尽;是假借可救造字之穷而通其变。"这句话精准地解释了假借的内涵和语用。

许慎给假借下的定义是:"本无其字,依声托事,令长是也。"孙诒让很好地解释了前八个字,但历代学者对许慎所举的"令""长"两例则多有异议。

"令",《说文》释为"发号也",从字形上看应该是会意字,是动词,而名词的"令"应是引申义,不能看作是假借。

"长",像形字,象头发长。而名词性的"××长"之义,也应是引申义而不是假借。

对此,明代的陆深认为可用"能""朋"替换之,清代的朱骏声则用"朋""来"替换之,近代丁福保(1874—1952)又用"令""良"替换之。

总之,假借完全从同音或近音出发,而不考虑本字的意义,换句话说,假借字与被借字毫无意义上的联系,被借字仅仅是一个表音符号。以"笨""笑"为例,或可很好地说明问题。

"笨",《说文》释为"竹里也,从竹,本声"。竹里,今之名称为"竹膜","笨"的名称早已废弃不用。今日之词典对"笨"的解释为"理解能力和记忆能力差,不聪明"。这个解释与"竹膜"完全没有联系。所以今之"笨"是一个典型的假借字。

"笑",从字形上看,从竹,夭声,是个标准形声字的样子。但"从竹"与今之词典的解释"露出愉快的表情,发出欢喜的声音"没有任何意义上的联系。这个字在《说文》中是查不到的。《说文》中"笑"的本字写作"上竹下犬",释曰:"喜也,从竹从犬。"那么这是会意字了。"从竹从犬"为什么会生出"喜"的意思?人们不得而知,许慎也没有详解。可以肯定的是,这个字在东汉时期已被假借为"喜"义,其本义早被弃置了。

一千多年以后,唐文宗开成二年(837年),翰林待诏朝议郎玄度奉敕核定石经字体,根据大历十一年(776年)张参所作《五经文字》,补其未备,撰集为《新加九经字样》一卷,与《五经文字》一同刻于石经之末,共收字421字。此书讲到刊定字体的准则是:"如总据《说文》,即古体惊俗;若依近代文字,或传写乖讹。今与校勘官同商较是非,取其适中。"在这本书中,第一次将"笑"字刊定为"上竹下夭",并从此流行天下以至于今。

我们今天见到这个"笑"字,很容易马马虎虎地将它归为形声字,但这个字的真正要点是"夭声",之外的其他则毫无意义。这就是假借字,假借字完全

"依声托事"而不顾及其他。

上文说到的假借,其前提是许慎所下定义的前半部分——"本无其字"。在无法创造新字来表达某一意义的时候,利用同音或近音的它字来借用之,这是顺理成章的事情。因为语言词汇是音义结合体,只要音对了,义自然也就出来了。这就是假借的奥妙。

"六书"一语,始见于《周礼·地官·保氏》,但该文没有明确说明"六书"的具体内容。最早解释"六书"的,是东汉的班固、郑众和许慎三人。

班固(32—92年),在其编纂的《汉书·艺文志》中采录刘歆《七略》的说法:"谓象形、象事、象意、象声、转注、假借也。"

郑众(?—83年),在其所著《周礼·保氏注》中写道:"六书:象形、会意、转注、处事、假借、谐声也。"

稍后时期的许慎(58—147年),在《说文解字·叙》中言道:"一曰指事,二曰象形,三曰形声,四曰会意,五曰转注,六曰假借。"

以上三家,许慎虽然稍后,但仍然可以断定三人为同时代人。且,班固自言采录于刘歆《七略》;而郑众为郑兴之子,郑兴则师从刘歆;许慎以贾逵为师,贾逵之父贾徽亦师从刘歆。可见虽为三家之论,但师出同门。

中国传统历来重视师承。既然师出同门,其学术观念理当一致,但我们看到三家之说多有错落,一为名称有所不同,一为排序有所错位。这说明其中必然蕴含了各自的主张。名称虽然不同,但内涵是一样的。本讲在此仅谈一谈假借在"六书"中的位置,或者可以看到三位学者对假借的认识。

班固的"六书",先"四象"为造字之法,后二者为用字之法。"四象"(象形、象事、象意、象声)中,先以形表义,后以音表义,符合文字演变的规律。

许慎的"六书",历来有"六书三耦"的说法。指事、象形为文,形声、会意为字,转注、假借为用。"盖依类象形,故谓之文,其后形声相益,即谓之字。字者,言孳乳而浸多也。"此句只说前四种,而对后两种则不遑多言。

班固与许慎将转注与假借都放在最后,这明显是将二者看作是用字之法而不被重视。自唐以后,学者多推崇许慎的《说文解字》。其书成为小学之经典,后世多不质疑。

郑众却将假借与谐声放在一起并排序在最后。相对来说,后人对郑众之说,则相对冷落得多了。或者认为其说是错的,或者认为杂乱难解。唯独南宋考古学家叶大庆在其《考古质疑》中有如下评论:"古人制字,皆有名义,或象形而会意,或假借而谐声,或转注而处事。"

叶大庆之说是有见地的。如果受"六书三耦"说的影响,人为地讲"六书"三分,且将转注与处事连接在一起,似有不妥,但将会意附会于象形的发展,将谐声缘起于假借,还是有十足的道理的。让我们打破叶大庆的"三耦"说,将郑众"六书"中的象形、会意、转注、处事归为"造字之形"一类,将假借、谐声归为"用字之音"一类,似乎更能准确地概括汉字的本质。前四者依据"形—音—义"的原则造字,后两者则依据"音—形—义"的顺序用字。二者的区别,一个是以形表义,一个是以音表义。

前四者以形表义,验证了汉字的表意属性,后两者以音表义,更符合文字是记录语言声音的符号的本质。

我们不妨用现代学者的文字发展史的眼光来演绎一下郑众的"六书"说。汉字缘起于图画,把象形排在第一位是天经地义的。但象形字只是"画成其物,随体诘诎"。无其物则无其形,有其物则画其形,名其名。因此,象形只能表示名词中有具象特征者,这对于语言的记录表达是远远不够的。

由象形符号做部件,组合其他以演绎更多的意义,由此而产生会意字。会意字突破了只描写具象名词的局限,是可以表达更多词类的符号。故而,叶大庆说:"或象形而会意。"句中的"而"为递进连词。

中国地域之大,文化之广博,同样的意义,由于不同的时空原因,不同的造字者出于不同的理念而创造出不同形、音的文字,似乎是一件平常不过的事情,因而,转注的出现不足为奇。

处事是以点画符号在某一部件上指点意义,是文字创造的一种补充手段,其顺序排在象形、会意、转注之后是说得通的。

以上四者,以形表义,充分体现了汉字的个性特征。后世学者据此而认定汉字为表意文字,也是情理中事。

假借虽在郑说中排序第五,但我们今天可以在大量的甲骨卜辞中看到,当时的人们用文字记录时事时,已大量使用假借字。假借的产生是经济、便捷的。但大量使用假借,难免会有误读。为此,在假借用音的基础上再添加义符予以类化,于是大量的假借字以音符的部件身份与类化性质的义符结合从而形成汉字的形声一类,亦即郑众所说的"谐声"。可见郑众将谐声依附于假借之后是科学的。

商代时期的甲金文,其语用主体是假借字,假借字弥补了文字数量上的不足。周秦汉时期的篆隶文字,其语用主体是形声字,形声字体现了汉字的科学和缜密。这个历史事实,铁板钉钉地告诉我们,汉字除了以形表义外,还有更重要的以音表义,即郑众所说:"或假借而谐声。"

上述文字是笔者对三家"六书"论的讨论。比较而言,笔者认为郑说比班固、许慎要高明、准确。但由于中国传统习惯看重师承,以及班固的《汉书》、许慎的《说文》的经典地位,提高了班、许的学术地位,而使郑众做了一千九百余年的冷板凳。

汉字起源于图画,虽经象形、指事、会意,使文字由表形进步为表意,但终归要依据于有具象特征的表形部件,所受的局限是显见的。而只有假借,淡化了形与义的联系,借形用音而表义,使汉字具有了真正的符号意义。

假借的出现是文字发展的历史必然。假借作为声音符号,倘若能够再简化、归属,汉字词汇再早一些突破单音节的限制,汉字由假借而发展到表音的音节文字的可能性不是没有的。

假借的出现也有其特有的历史条件,倘汉字能够极快地大量创造,能较完善的表达词汇意义和语法意义,假借则无须产生。只有汉字数量明显不敷使用时,汉字远未形成规范规模时,才有可能产生假借的用字之法,而这个历史时期便是商代。

假借字产生的年代很早。早在汉字尚未发展到成熟阶段,假借已普遍应用。如方位标志字"东""西""南""北",时间标志字二十二个干支字,都是假借。中国的历法产生在夏代,可见干支字在夏代已被使用。假借的广泛使用,是汉字发展的第二个阶段。表面看,似没有新字产生,但原有的表意字已被赋予新的使命。这些出身于以形表义的文字,利用其自身已被确认下来的读音,在谐音的前提下,借用其形而表达与原字无关的意义,这就是汉字的假借。假借是汉字史的第二次飞跃,对假借的出现,无论做多高的评价都不过分的。

汉字在发展到商代晚期时,假借已成为文字应用的主体。这说明当时的人们已经不自觉地认识到文字的音义与语言的音义的本质联系。假如当时能够出现一批智者,将大量的假借字凝缩为极少数量的音标符号,那么,今天的汉字就不是这般模样了。

第十七讲　形声
——从"租梨食之甘"看形声字的某些弊端

　　形声字作为假借字的补救,充分体现了汉字造字方法的方便和经济,从此,汉字结构以形声字为主体形式已是不争的事实。形声字自甲骨文中所占的 20% 比例,到东汉许慎《说文》的 80%,乃至今日的 90% 以上,说明汉字从创造开始,很快就超越了表形、纯表意阶段而进入表意兼表音阶段,并绵延至今。但汉字在数千年发展中,尽管形声字给先人带来过方便,其弊端也日益显现,并造成今日识、读、用汉字的很多困难。这也是不争的事实。

　　今举一例,试分析其中的某些问题。

　　众所周知,马寅初是我国著名人口理论学家。20 世纪 50 年代初期,他曲突徙薪,提出计划生育的主张,其后蒙受错误批判,致使中国错批一人,多生了几亿! 改革开放以后,郭沫若曾赠联马寅初《枳棘成而刺,租梨食之甘》。以用典和写古字的方法,含蓄地表达了景仰和赞赏的心意。

　　此联一出,颇为轰动,但认真释读却也颇费周章。

　　上联中"枳棘"一语出自汉张衡《西京赋》:"楷枳落突棘藩。""枳",木高多刺,可为篱落;"棘",亦是。此联句是喻指马老的思想成熟,虽能为人篱落保护人民,但终因身上有"刺"而不能为人所爱。

下联的"柤梨"呢?却不好辨识。

分析"柤"的字形,是典型的左形右声的形声字,但这个字不音且(qiě)。唐代的《唐韵》注音为"侧加切"。宋代的《集韵》、元代的《韵会》、明代的《正韵》注音为:"庄加切,音诈平声。"宋代《广韵》:"同樝,似梨而酸。"这个解释似来源于《说文》:"樝,樝果似梨而酢,从木,虘声。"原来"柤"是"樝"的省变,即"樝"的声符省变为"且"。在中国传统文字学中,将形声字中的声符省写称之为"省声",而"省声"无疑会造成误读。

"樝",《庄子·天运篇》:"礼仪法度,其犹樝梨橘柚,其味相反而皆可于口。"由此可知郭老之意乃在指樝梨虽然酸涩不如橘柚之味美,但吃过之后仍是可口的,以此讽喻马老之主张犹如樝梨入口,初虽不适但后味甘甜。

训诂如此,但"樝梨"是为何物?仍指向不明。查《洪武正韵》有"樝查通"之言。清闵奇伋著毕宏述增定《重订六书通》中于下平十五麻部将"查、樝、柤"三字同列为一字。由此可见,"樝""柤"实为"查"字。《康熙字典》"查"字注下也有"又与柤同"。《康熙字典》:"楂,同查,果名,与柤同。"原来"楂"是在"查"上又添加了"木"字旁。"楂"在清之前的字书中没有出现过。"查"后起假借义为"检查"义,"楂"字形的出现正是为了区别"查"字后起的假借义。这种情况正如"暮"之于"莫""熊"之于"能""麥"之于"來"。

查《现代汉语词典》,"樝"在"楂"字后,是"楂"的异体字,而"柤"字在《现代汉语词典》中是没有的。这并不说明汉语中已经排除了"柤"字,《现代汉语词典》是一部词典,在现代汉语中,基本没有人再用"柤"字组词,故而没有被收录于这部词典中,而在《汉语大字典》中还是很容易找到"柤"字的。

由上述可知,"查""樝""柤""楂"实际是一义多形的四个字。"楂",山楂也,俗名红果。"柤梨"即山楂与山梨也。

又"查",上木下旦。"旦",得案切,声母应为"d"。"查",庄加切,声母为"zh"。根据"古无舌上"的理论,舌上音在古音中一律读成舌头音,故"zh"应为"d"。可见"查"也是形声字,声符"旦"与"查"的声母相同。

这样,我们可以论定一义多形的这四个字都是形声字。只此一例就可以看出形声字有省变的麻烦,有声符取韵(虘)、取声(旦)的不同,有增益造成的古今字(查、楂)的区别,此外还有上文未涉及的今之假借字"查"(检查义)的声、调变化。

省变,是许慎在《说文》一书中对汉字构造所作的补充说明,是六书理论的附属原理。

形声字中,声符的部分省略称之为"省声",如"楂"省声为"柤","家"声符为"豭"省声为"豕","疫"声符为"役"省声为"殳(shū)"。

形声字的形符的省略称之为"省形",如"星"从"晶"省,"乔"从"高"省,"耆"从"老"省。

"省变"揭示了汉字在流变过程中,除了有增益的繁化过程外,还有"省变"的简化过程。汉字在不断地繁化、简化过程中发展流变,这固然丰富了汉字字群,但也给汉字的使用带来了麻烦。这便是汉字的"形"的问题。

另外,人类在历史长河的发展中,民族不断驻迁聚散,其间语音的变化是不可避免的。明代音韵学家陈第,一生研究古音,论证了古今音的不同,对后世的音韵研究颇有影响。在《毛诗古音考•序》中,陈第提出著名的论断:"时有古今,地有南北,字有变更,音有转移,亦势所必至也。"明清学者将汉语音韵分为上古、中古、近古三个时期,即是探寻到了汉字的"音"的问题。汉字的"音"有变化,但汉字声符之"形"不变,其标音不准确可见一斑了。现代学者蒋善国在1987年出版的《汉字学》一书中指出:"大约只有五分之一的声符,如拒(巨)、糖(唐)等字和它们所组成的形声字的声、韵、调完全相合……"那么,其余的五分之四应该如何认读?

从造字方法上来看,汉字是以形声为主的,但从用字方法上来看,汉字又是以假借为主的。"查",为"楂"的本字,今已假借为"检查"之"查"。可以毫不夸张地说,今之汉字的使用,用其本义的是极少数的,大量的是同音假借或引申义。汉字仅观其形已不可确知其义。这便是汉字的"义"的问题了。

"樝""柤""查""楂",今字是"楂",前三个是为古字。《说文》中有"樝""柤"而无"查""楂",说明"樝""柤"为上古字。"查",最早见于《唐韵》,应该是中古字。"楂"是"查"的增益字,其造字时期当更在"查"后。古字本应死去,但难免有如郭沫若者偶尔用之,可见古字之不古。今天又有一些书法爱好者,在创作作品时,有意翻检书法字典,以寻求生僻的古字写入作品,这也造成了古字不古现象的再生。

综上所述,形声字虽然给先人们带来过造字的方便和快感,但无疑也给今日的汉字使用者带来诸多不便。尽管汉民族创造了汉字,汉字凝聚了汉民族,但个人愚见,汉字在时机成熟之日加以改革和规范是完全必要的。但汉字改革仅仅靠形体简化是不够的,如不跳出形声的窠臼,汉字的改革断无大的成就。

目前,我国的文字工作者似"执着"地强调汉字的使用规范,将别字与借字合为一体,一概排斥。这种做法固然保证了汉字的规范和纯洁,但使汉字仅走了一步简化之后,便无路可走。其实,在民众社会用字实践中,为了使用的方便,自造字和别字的使用从来没有停止过。

例如,汉字有"做""作"之分,但一般人们在使用时,很难把握这两个字的区别,信手拈来的情况比较多。汉字还有"橘""桔"之分,"橘"本不是"桔",但如今的市面上,只见"桔子"不见"橘子"。又如"兰""蓝""篮",字形字义都不相同。多数人已注意到不可将"篮球"写作"兰球",不可将"蓝天"写作"兰天"。然而将植物名称"甘蓝""芥蓝"和"苤蓝"写成"甘兰""芥兰"和"苤兰"的,则大有人在了。

这种情况与其禁而不止,何如放宽限制,允许假借地使用这些汉字?放开限制,其结果自然会使人民群众趋同地使用简单的汉字,并赋予其新的假借义而得到公认。如此假以时日, 汉字或可简化和缩小字数到相当规模,从而适应 21 世纪人类快速的生活节奏,并使汉字走向世界的可能性大大增强。在此,应特别强调的是,这种放宽是由政府、专家和人民群众协调完成,而不是如今网络语言的滥用谐音。

第十八讲　字体的繁化

——语义增加的手段

　　人类的社会生活越来越复杂,语言的交际也自然越来越复杂。而文字是语言的辅助工具,语言复杂了,文字也必然要跟着复杂。语言是工具,文字也是工具。工具的功能当然是越完备越好,功能的增多必然要依靠工具的日渐复杂。反过来工具的复杂又会导致工具的难于使用,所以,工具的使用自然要求越简便越好。比如照相机由简单的机械快门,逐渐复杂到卷帘式单反相机,再回过头来出现至简的傻瓜相机和智能手机拍照。这个过程和文字的发展历程大致相似。

　　人类文字的发展总趋势,是由表形趋向表意,再由表意趋向表音。汉字创造由象形发展到指事和会意, 已进入文字发展的表意阶段。在此阶段,为了表达更多的语言意义,字形则越来越复杂、繁化。以"木"字为例,树干、树枝和树根三个典型物,构成了"木"字的象形字形。以"木"为基础添加短横,则可构成指事字"本""末""未""朱"(株)。以"木"为部件再组合其他部件,便可构成会意字"休""采""桑""林"。已经增繁而成为新字的,还可再增繁又成另一新字。如"采"增"艹"为"菜"。又如"人"增"目"为"見","見"增"虫"为"蜀",

"蜀"再增"虫"又为"蠋"。这种增繁字的出现,说明语义的增加要依靠字体的繁化。

在此处值得一提的是,由于汉字从一开始就成为雅文化的垄断物,这使得汉字在使用中本能地追求美的艺术效果。而字形美化的途径,自然需要笔画的运作。这样一路走下来,不能不使汉字趋向繁化。

如指事字"上",甲骨文中只是下面一"长横",上面一"短横"。"长横"表示设定一个基准线,"短横"放在"长横"上面,表示位置,这是汉语中最常见的一个方位词。而"下"字则相反。

到了周早期以及春秋时代,青铜器铭文中的"上"的形状依然如此。到战国时期,金文中的"上"字,"短横"旁却多了一"丨"。究其原因,除了美化别无道理。青铜器制范时,凡是有铭文的地方,都要先打出方格的界限来,每格一字,整齐、划一、规范、美观。这种技术方法也最终确定了汉字的大小划一的方框字特征。但在一个方格中,一长一短两"横"的"上"字不能填满方格的空白,于是为了美观,便有了贯穿上下的"丨"。从此,"上"便有了今天这个样子。"下"字的变化也情同此理。

"上"原本是简单的方位词,后来又有了"高大上"中的"上"这一引申义。为了区别方位词,在引申义"上"的使用中,又假借了"尚"字,如"尚书"、"和尚"等。这无疑也是汉字的繁化。类似于"上""下"这样的字形发展还有很多,比如"元"字上面的一"短横","妾"和"帝"上面的"、",也都是为了美观而后加的。这就是繁化。

文字是语言的延伸发展,声音是语言的物质属性,象形、指事、会意的文字不能表示声音则是致命的缺憾。因此象形、指事和会意字,虽能猜测字义但无法从字面上找到字音的依据,要想掌握这些字的字音,必须依靠旁人的教导和长时间的识记和习得。另外,语言中大量的非具象内容,也不是上述三书(象形、指事、会意)可以表达的,还需要在造字上另辟蹊径才可完成交际任务。

在此无奈的情况下,假借便成为不是办法的办法。然而,恰恰是这种无奈之举,使汉字走上了音化趋势的正确道路。公元前 13 世纪闪米特人入侵埃及,发现了埃及的圣书字,他们学会了使用文字,并从中挑选了 20 个象形符号作为字母以记录自己的语言。100 年后,这些表音字母被腓尼基人继承完善,并传播到欧洲,从而引发了西方诸种文字的模仿和创造,这些文字从此走上了文字的第三发展阶段——表音阶段。殊途同归,汉字的假借字实质上也已走上了表音道路。只是当时没有全部推翻已出现的象形、指事和会意字,而是借用这些字的音和形,以形代音。由此,象形、指事、会意和假借字混合使用,倒也足敷使用。

假借字在语用中,虽然突破了汉字象形表意的本质走向表音,但未脱掉原字的形骸,这就为语义的混淆带来隐患。在此背景下,形声字的出现完善了汉字音与义的配合。

形声字可在假借字上添加义符,使假借字变成声符,这使汉字在字义上有了分别化。如"朱",其本义原为"树干"义,后假借为"红色"义。现在假借为"红色"义的"朱"旁添加义符"木",组成"株"字,又回归了"树干"的原义。这样,"朱""株"各安其实,互不相混。

同理,形声字还可在象形类文字上添加声符,使象形类文字变成了义符部分,而添加的声符很好地起到了标音化的作用。这一类形声字太多了,如"鸡""鸭""鹅""凤""鸦""鹊"等。汉字由象形、指事、假借发展而为形声,很多字变得繁化了。

中国的汉字发展史有一个重要的节点,两汉的隶变是古文字和今文字分界的标志。汉字在隶变以后,其象形性由于笔画的变革而大减,而人们对文字既要表意也要表音也有了习惯性的要求, 于是出现了根据语词的音与义而创造新的形声字的现象。如"淼"后起为"渺";"焱"后起为"焰";"凷"后起为"块",再简化为"块";"廾"后起为"拱"。从这里可以看到,后起形声字有时比原字字形还要复杂,这种字的出现使汉字不表音的比例大幅减少,表明了汉字的表音发展趋势。

然而,汉字虽然抓住了表音的特质,但始终没有放弃表意的义符,使汉字止步于意音文字。汉字停留在表意和表音的中间过渡阶段,没有继续发展下去。这就是汉字的现状。

没有进入表音阶段,则使得汉字没有成为纯粹的表音文字,汉字的繁化问题便没有得到解决。同时,由于中国人的保守特质及对古籍的偏好,使得已经新陈代谢了的陈字依旧有复活的机会和可能。这就使中国的汉字死而不死,陈而不陈,平添了汉字的数量。

汉字的繁化,是字形笔画的繁化,也是一字多形的繁化,更是汉字总数量的繁化。毋庸否认,这是汉字最大的缺点,不利于掌握和使用。

在当今世界汉语热的时代,国际汉语教学风靡一时。有心学习汉语的外国人数以亿计,但汉字习得始终是汉语学习难点中的难点,使不少人望而却步,中途夭折,这也是遗憾的客观事实。因为这些成年的外国人,实在是没有时间和精力去分辨"土"与"士"的区别,从而也搞不清楚"吉"的上半部分到底是"土"还是"士"。

笔画的增多是繁化,笔画的些小差异也是一种繁化。谁能保证"竞"与"竟"不会用错呢?

究其二字,也各有来历。

"竟":《说文》释曰:"乐曲尽为竟。从音,从人。"此字上半部为"音",故口中有一横。

"竞":简体字。繁体为"競"。"競",《汉语大字典》释曰:"甲骨文、金文形体像二人竞技形。上部为辛,乃奴隶标志。"("妾"字上部也为辛,乃奴隶标志)

"竞"为"競"的简化,但不是今日所创的简化。"竞"字最早见于唐代的敦煌变文写本。可见"竞"的写法在中国已流行了千年之久。但这个"竞"字只保留了一个奴隶的人形,而失去了竞技的形象意义,从而与"竟"相仿佛。这也是汉字流变给人们带来的烦恼吧。

类似这样的相似字,在汉字字群中何其多也。又有几多人在汉字习得中去探寻其中的奥秘呢?难矣哉。

第十九讲　汉字创造的开放性

——汉字不是一时一地一人创造

　　目前世界上除了汉字以外的所有文字,无例外的都是人为地借鉴其他文字而设定的。只有汉字是自源性的,从萌生而历经数千年的流变发展至今。在这个过程中,汉字从没有停下过创造新字的脚步。

　　文字的创造首先源于语言的日益丰富。上三代以前的原始汉语时期,独词句以及"无它乎"之类的相对简单的语汇是可以完成人与人之间的交际的。迄至周秦时期,中华民族进入了一个人文飞跃的时代,社会提供了广阔的舞台,士阶层成为社会主流,文字获得爆炸式的发展,汉字由晚商甲金文的假借字时代,飞速跃进到形声字时代。此一时期,语言词汇的使用由简单的本义扩大到引申义、比喻义,派生词逐渐成为占主导地位的造词方式,而文字则由假借字发展为形声字。在这一文化大发展时期,文字起了非凡的作用。周秦时期,外交、盟战、纪史、政务、交际和百家争鸣,需要大量的语汇和可以记录语言的准确文字,大量的文字文献成为社会文化生活的必需品。在不突破单音词的框架下,以假借字为表现形式的同音词成为绕不开的语言障碍,而形声孳乳造字的方式恰恰弥补了这一不足,从而使语言与文字达到了相对平衡。此时,新形声字的创造已达到信手拈来的程度。

有学者统计当时的一些经典文献的用字,便很能说明问题。

《尚书》总字数 24538,用字 1941;

《易经》总字数 20991,用字 1583;

《诗经》总字数 29646,用字 2936;

《礼记》总字数 99008,用字 2369;

《春秋三传》总字数 245838,用字 3912;

《论语》总字数 15918,用字 1382;

《孟子》总字数 35377,用字 1935。

从以上经典书籍统计,总用字量在 6000~7000 之间,远远超过甲金文的总字数。这样的发展势头,使语言和文字相互推助。语言的丰富要求文字有新的创造,新字的产生又推助了语言的深层发展。到公元 100 年我国第一部字典《说文解字》诞生时,汉字的总数已达 9353 字,加重文累计 10516 字,其中形声字占比 80%。

上文说到《说文》,其实仅仅是个开头。自汉字隶变以后,文字之形基本脱离了以形表义的诘诎曲线,汉字已完全进入意音文字阶段。形声字是人们公认的完美文字形态,并成为文字创造的唯一途径。自此,文字创造如打开源头的活水,新字的出现一发不可收拾,以至于隔一段时间政府就要以国家的名义,整肃规范标准汉字。

从历代字书编纂的历史来看,汉字总数一路增加似无止境。这充分说明汉字的创造与其他文字不同,世界上的其他文字基本是一次性制定的,而汉字则由不同的人员,于不同的时间,在不同的地区,用不同的方法创造的。这是一笔宝贵的文化财富,也是一个沉重的文化包袱。在漫长的古汉语阶段,汉语语汇是以单音词为主体的,而汉语能够发出有区别意义的音节却只有 1180 个左右,这说明汉语会有大量的同音词,在不能突破单音节局限的条件下,汉字只能采取以形别义的形式来区别词义。如同样以其鸣叫声命名的两种不同的鸟类,汉字的创造选择了"鸭"与"鸦"的两种字形,很好地区别了字义。这就是汉字的奥妙所在。

当然,汉字不是一时一地一人创造的。在漫长的历史时间中,不同文化素养的人员出于自己的本能选择自己能够采用的方法造字,这是天经地义的。这就说明为什么汉字草创时期以象物字为主,文字进入成熟运用时期以假借字为主,而到了士阶层以文字为手段去工作、生活和文学创作时又以形声字为造字形式。

此外,由于汉字的创造不是统一意志所为,那么,同样的词义,可能会出现不同地区的方音造字,如"老"与"考""顶"与"颠";可能会出现已有现成的文字,又有人用另外的方法再造了新字,如前面所讲过的"淼"与"渺";也可能由于方言词汇的不同而出现的同义词,如"孩子"义的"孩""娃""仔""崽""伢"等。这些情况,无疑造成了汉字群体的庞杂。

再有,汉语的语音随着历史的流转,会出现"音转"。一个非常常见的现象是,此时人们选择了一个标准的音符创造了形声字,但时过境迁,这个音符不能准确标音了。一般情况下,人们会将就着使用这个不准确表音的形声字(这种情况是大量的),但也有的时候,人们又用新的音符再造新字,这就会出现旧字形与新字形的问题,而问题是,旧字形在某种情况下仍在使用,这也是汉字繁杂的原因之一。

我们以"裤"字为例,今天使用的规范字"裤"字,其声符是"库"。"裤"是后起形声字,查阅资料能看到最早出现"裤"的,是清代的《红楼梦》与《镜花缘》。《红楼梦》第六十五回:"底下绛裤红鞋,鲜艳夺目。"《镜花缘》第三十三回:"早有宫娥预备香汤,替他洗浴,换了袄裤,穿了衫裙。"这说明"裤"字创造于明清时期,且用于俗文学之中,应是当时的俗字。今以为正字矣。

在此之前,此字应写作"袴",声符为"夸"。"袴"字见于汉代文献。

《说文》:"袴,胫衣也。"

《方言》:"袴,齐鲁之间谓之襈,或谓之襱,关西谓之袴。"

《释名》："袴,跨也,两股各跨别也。"

可见"袴"在上古汉语时期已为常见的形声字。今之流行的成语"纨绔子弟",出自《汉书·叙传上》："出与王、许子弟为群,在于绮襦纨绔之间,非其好也。"纨袴,细绢做的裤子,泛指华丽的衣着。

古之为"袴",今之为"裤"。奈何"纨袴子弟"不改为"纨裤子弟"呢?这又是汉语语法的一个通则。"纨袴子弟"出自古典,我们今天把它当作成语看待,而成语属固定词语,固定词语是不能随意改动文字的,故"纨袴子弟"只能用上古汉语的"袴",而不能改为现代汉语的"裤"。反过来,在现代汉语的一般文献资料中,"衣裤""牛仔裤""裤子",则只能用规范字而不能随意改"裤"为"袴"。这也是汉语语法的一个通则。在此处举这个例子,是要说明汉字字数众多,一般情况下,汉语的书面表达是不需要这么多汉字的,但在特定情况下,有些汉字死而不死,仍有使用的机会。这也是汉字的开放性表现之一吧。

上面所讲的是古今字的问题。除此之外,汉字的众多还有适用人群的问题。大家知道,我们今天为了简化汉字,将一字多形的汉字,挑选出一个定为规范字,其他的定为异体字,排除在正规文字文献的使用之外。如鲁迅小说《孔乙己》中提到"回"字有四种写法,今天的文字规范只选择了大口套小口的"回"字,其他几种字形(囬、囘、迴、廻),都定位为异体字而排除在正常语用之外。这样,我们沉重的文字包袱便可放下许多了。当然,异体字不是决然地废弃。只要不是公开出版的媒体和文献文字,如书法作品和个人书信之类,异体字还是可以使用的。

这种文字规范的事情在中国的古代也做过多次。比如唐代为规范科举考试用字,也曾大动脑筋。唐代的颜元孙编写《干禄字书》分汉字为正、通、俗三体,规定其不同的应用范围,为科举考试提供书写范本。古代科举考试对文字有严格规定,试卷只要有一个错别字、破体字、俗字,即作废。唐代张参《五经文字》、宋代张有《复古篇》、清代龙启瑞《字学举隅》,皆为应试而作。此类工具书虽仅为规范科举用字,但客观上在全社会做了汉字的正字的工作。

总之,汉字就是在这样矛盾的发展过程中流变着,一面在不停地创造新字,一面又在不停地限定着、规范着。累计至今,汉字虽有 85000 字之众,但今日国家规范的通用字只有 7000 字,而能完成 90% 的交际内容的常用字只需 3500 字。这便是今日之规范。相信随着社会生活的改变,汉字仍会随之变动,这也是汉字的开放性吧。

历史上汉字的开放性,源于汉字书写和印刷的非官方性。一个掌握了一定汉字数量并粗通六书的人,创造新字不是难事。而宋代之后才风行起来的印书作坊,也大抵是私人性质的,并不承担官方的规范责任。这与今日社会不同。今日社会文字字形是由国家有关机构规范着的,任何个人和印刷机构另造新字并印刷流行几无可能。在今日之国家文字政策下,在公开发表的文本中,不要说另造新字,就是错字都不可能出现,而我们所唯一需要注意的是不要出现别字就好了。

第二十讲　汉字创造的几种学说

——许慎说、八卦说、结绳说、书契说、仓颉说

中华民族的文明绵延数千年发展至今,汉字传承的作用居功至伟。上文讲到汉字群已庞杂到八万之众,那么它到底是怎样起源的呢? 自古至今,人们对汉字起源的研究从没有停止过。本讲拟撮其要者介绍几种比较流行的说法。

许慎说

许慎因编纂中国第一部字典《说文解字》,在中国文字学史中占有魁首地位,因此许慎对文字起源的认识历来被人们重视。

许慎在《说文解字·叙》中说:"古者庖牺氏之王天下也,仰则观象于天,俯则观法于地,视鸟兽之文与地之宜(仪),近取诸身,远取诸物,于是始作八卦,以垂宪象。及神农氏,结绳为治而统其事,庶业其(綦)繁,饰伪萌生,黄帝之史仓颉,见鸟兽蹄迒之迹,知分理之可相别异也,初造书契,百工以乂,万品以察。盖取诸夬。"

"夬",六十四卦象之一,乾下兑上。魏王弼注曰:"夬者,明法决断之象也。"

许慎的意思是说,文字产生之前,有一个过渡阶段。起初是伏羲氏管理天下的时候,作八卦以反映客观世界,其后神农氏结绳记事,但不能适应繁多的事物,作伪的事情就出现了。黄帝的史官仓颉创造了书契文字,于是百官得到了治理,万民也有了督察。这大概是由《易经》中的"夬"卦得到了启发。

这段话影响了中国近两千年,许慎所说的"仓颉造字"在中国的历史中似成为定论。

八卦说

此说认为,古文字"水"是八卦中"坎"的竖写。古汉字巛(川)是八卦中"坤"的变形。其他文字由此受到启发。

此说有些牵强。汉字中有个别文字相似于八卦符号而作构字偏旁,这是事实(也仅此二例而已),但不能因此认为汉字起源于八卦,因为八卦与汉字是两种不同的符号系统。八卦是《周易》中的八种基本图形,以一长横为阳,以二短横为阴,每卦由三爻组成。旧传伏羲画卦,文王作辞。也有人说《周易》是周人所为。许慎说《周易》通过八卦的形式象征天、地、雷、风、水、火、山、泽八种自然现象,推测自然和社会的变化,认为阴阳两种势能的相互作用是产生万物的根源,提出"刚柔相推,变在其中矣"的朴素辩证法观点。

汉字是具象的音义符号,八卦是另一种抽象的代表符号。至于说古文字"水"与八卦"坎"的一致,还难以证明这一例是汉字受了八卦的影响。因为伏羲画卦只是传说,而解说卦象的卦辞和爻辞说的都是商周的社会现象。因此,是"水"源于"坎",还是"坎"源于"水",还没有很有说服力的论证。

由此而推论:汉字与八卦是两种不同的系统符号。早期汉字是具象的象物符号,而八卦是纯抽象符号。从人类的认识发展过程来推断,具象的象物符号比抽象的代表符号要出现的更早。因此,"八卦说"是不成立的。

结绳说

结绳记事是原始民族普遍使用的一种记事法,中国的某些少数民族及国外的一些民族在 20 世纪仍有用结绳法记事的。《周易·系辞下》:"上古结绳而治,后事圣人易之以书契。"汉字"记",古文为"纪"。汉语中"日记"与"日纪"通用。而"纪"字的偏旁似已透漏出结绳记事的痕迹。

持结绳说的人认为,十及十的倍数的字都是结绳形象。"十""廿""卅""卌",见于商周金文,而甲骨文的这四个字,中间没有一长横,所谓有绳无结,其实只是契刻方便而已。

此说仍是以个别概括一般。结绳记事是有的,个别汉字用结绳形象为构字符号,说明结绳对汉字的产生有一定影响,但不能得出这就是汉字起源的结论。准确地说,汉字应启发于万物形象,而结绳只是万象之一。

书契说

从文字上看,"书"与"契"原本是两个动词。

"书"是书写的意思。简体字"书",取草体楷化而成。繁体字"書",上部是为手执毛笔作书写状。据此可知"书"是书写的意思,是动词。由此而引申,写出来的东西也称之为"书",包括文字和一些文体的文章,比如今之信件,故称之为书。

"契"是刻的意思,上古的文字多用刀刻,刻出来的东西也叫"契"。《诗经·大雅·绵》:"爰契我龟。"这首诗是周人自述太王迁岐,创业兴国,文王姬昌的开国历史。句中的"契",一说是燃火而灼龟,即契龟占卜;一说是以刀刻龟甲。从这些解释里,我们可以看出这样的信息:周太王(传为后稷第十二代孙,周文王祖父)时,周氏族也有龟卜的习俗。按殷商甲骨文的惯例,贞卜是需要文字的,"契"是用刀在龟甲上契刻文字。

"书契"还有一说,"书"指文字,"契"是刻木以纪数、纪事之谓。唐代李鼎祚《周易集解》:"百官以书治职,万民以契明其事。"这从"契"字字形也可以得到解释。《说文》解释为:"契,刻也。"东汉许慎没有见过甲骨文,因此,这个"刻也"恐怕不是指在龟甲上刻写文字,而且许慎在解释"契"的字形结构时指出"从木",从字源学角度来讲,"契""栔"二字同源。从"栔"字字形分析,应该是"用刀在木上刻划",那么,"栔"就是刻木以纪数、纪事。此事从制作手段看是契刻,从功能作用看应是契约。契刻为约的办法,产生于文字文明之前,作用与结绳相似,至今也仍有使用。如 20 世纪流行使用于城市的自行车存车牌即是此物。契上的简单刻画只起帮助作用,不能算是文字。但这种方式,可能是最早的书写形式之一,同时也可能是逐渐演化成青铜器上的族徽文或是竹简木牍上的简易文书,文字和文献也就自然随之产生。从这点来说,书契比八卦、结绳要靠谱。

从"契"字字形分析,"大"是人形,此字应是"用刀刻画之人",即商氏族的始祖之名了。如谓"契""栔"同源,是否可以猜测商氏族始祖"契",最初刻画的东西也是竹木?是否"契"在"刻木以纪数、纪事"上又有所前进?如果是这样的话,"唯殷先人,有册有典"的事情也就一通百通了。

按古汉字的单音表词的性质,"书"与"契"原是两件事情。"书"是用墨、朱、漆写出来的,"契"是用刀在竹、木、甲骨上刻出来的。但在历史文献中,"书""契"二字连用是常见的,几乎成为固定短语。

西汉司马迁《史记》曰:"太昊德合上下,天应以鸟兽文章,地应以龙马负图。于是仰观象于天,俯观法于地,中观万物之宜。始画八卦,卦有三爻,因而重之,为六十有四,以通神明之德。作书契以代结绳之政。"

东汉许慎《说文解字》:"黄帝之史仓颉……初造书契。"

南宋朱熹撰《通鉴纲目》:"(伏羲氏)画八卦,造书契。"

《周礼·天官·小宰》:"六曰听取予以书契。"清孙诒让撰《周礼正义》:"凡以文书为要约,或书于符券,或载于簿书,并谓之书契。"

以上几例文字,一说书契的创造者——或伏羲或仓颉,一说书契的使用价值——契约文书。从以上的例句可以看出,古人是把契约与文字等同看待的。这在后世也确实如此,但最早的"栔"所刻划的东西是否就是文字,还有待商榷。

仓颉说

仓颉造字说流行于战国两汉之际。秦汉时期,用于教学的字书被命名为

《仓颉篇》。秦始皇统一中国后，采用"书同文"的政策，改用小篆编写了三种字书：李斯作《仓颉篇》，胡母敬作《博学篇》，赵高作《爰历篇》，三篇共同作识字课本。西汉时，三篇合为一书，统称为《仓颉篇》。

仓颉，古籍记载，有双瞳四目，天生睿德，俗称仓颉先师，又史皇氏。《说文》说仓颉是黄帝时期的左史官，见鸟兽的足迹受启发而创造文字。被后世尊为"造字圣人""文祖仓颉"。

仓颉的神化是在两汉时期。中华民族对于文字文化的崇拜是民族进步的一个积极因素。中华民族有将某事的创造归功于一人的习惯。如造酒之杜康，造锯之鲁班。仓颉造字被认为是泣鬼神惊天地的大事。《淮南子》记载仓颉造字后，"天雨粟，鬼夜哭"，几千年来对仓颉的崇拜是可以理解的。

但历史就是历史，事实就是事实。文字起源于图画，文字在人民的社会生活中萌芽是不容置疑的。

原始时代，在竹木或其他器物上刻画记号来帮助记忆和作为某种标识，是很自然的事情。这种记号不可能有固定的读音和意义（如陶符和早期的契）。当然这不是文字。

族徽文在分散的状态下，还不能记录成句语言的时候，也不能看作是文字。

只有当很多表意符号有了相对稳定的读音和意义，并能组合用以记录语言，才能称作文字。当这样的符号积累的多了，在历史的发展过程中，有一个人或几个人进行搜集整理和制定规范，这与文字在人民群众中萌芽是不矛盾的。李斯、胡母敬、赵高做过这样的整理推进工作，仓颉如果确有其人，也应是这样的人物。

文字的创造是需要一定的历史条件的。在利用一些符号帮助记忆的做法已成为习俗的情况下，人们需要更准确的和大量的记事符号才能推动文字的产生。在部落封闭原始人还只是简单生存的条件下，文字没有产生的需要。

当进入部落联盟阶段,外交、军事、政务成为重大社会活动,文字才成为迫切需要的交流手段。

当生产力已有了相当发展,某些社会生产和生活需要比较准确的历法和间接经验,文字才成为迫切需要的交流手段。

当部落内部已经形成阶级分化,出于统治的需要以及满足奴隶主生活方式的需要时,文字才成为迫切需要的生存手段。

黄帝时代正是部落统合时期,黄帝成为部落联盟的领袖,部落联盟内部需要严密的职务分工,史(含有巫的性质)可能成为统治集团的重要成员,史官搜集整理文字正是合乎历史条件的事情。此时,文字已经具备了产生的条件。

如果黄帝的传说确是真实的历史(有文字记载才可称之为信史,无文字记载则只能叫作传说),如果黄帝时期确有史官的编制,如果仓颉确有其人,确实是黄帝的史官,那么仓颉整理已出现的初始文字,摸索其中的规律,创造一些当时需要的新字是可能的。在这样的前提下,我们可以称仓颉是文字的整理和发扬光大者。但这一切目前还缺乏有力的考古实物证据。

但事情可能并不是这样的。让我们再从仓颉这一名字来分析其人的真实性。上古时期,人无明确的私名。传说中的人物大多依据某种特长而定其名。如燧人氏、轩辕氏、神农氏、后稷、契……

由此分析,仓颉其名也应有其来历。遗憾的是,学者们在找遍了目前所知的数千甲骨文后,只发现了"仓"字而没有"颉"字。"颉",最早见于春秋时期的铜器"邵钟"上的铭文。这样的事情从常理上说不过去,一个文字的发明者难道没有给自己的名字创造相应的文字吗? 从这一点上看,人们有充分的理由否认"仓颉"的存在。

"颉",《说文》释曰:"直项也,从页,吉声。"所谓"直项"是说脖子强直不能转动。如以此为名,那么其人应该是一个类似大脑炎后遗症的残疾之人。这样的人如何能做到"仰则观象于天, 俯则观法于地, 视鸟兽之文与地之宜

（仪），近取诸身，远取诸物"？

但也有学者运用声训"音近义通"的原则，推论上古音"仓"与"创"音近，"颉"与"契"音近，"仓颉"可能是"创契"。如果仓颉就是创契，那么，这个人物的存在不就合理了吗？这个推论有它的理据性，每一个中国人都希望仓颉的存在是真实的历史。但如果"创契"是真实的，那么商氏族的始祖"契"的命名又会打折扣了。而且"创契"二字的组合，明显带有现代汉语语法的痕迹，与上古汉语单音表词文字的宽泛和简单的语用不太吻合。

因此，仓颉造字说还难以得到科学的认同。

综合上述几种说法，我们可以得出这样一些结论：汉字的萌生应该是在已进入奴隶制社会时期的夏代。商氏族可能是当时比较进步的氏族。进步的特征是文字的使用和青铜器的制造。

有人认为，甲骨文的使用是在三千年前的商代后期。从甲骨文字的数量、字形结构特点以及当时人们使用文字的熟练程度来看，甲骨文已经是能够完整地记录语言的成熟汉字体系了。并由此而肯定，在甲骨文之前汉字已经走过了很长的历史时期。郭沫若认为："故中国文字到了甲骨文时代，毫无疑问是经过了至少两三千年的发展的。"但中国文字在甲骨文之前是否走过了这么长的历史时期是值得商榷的。文字是人类创造的一种文明，文字不是大自然的一个物种。物种的进化需要长时间的潜移默化的蜕变，而文明的产生和发展却不一定按部就班。人类的一个灵光闪现也许会在短时间内改变文明的进程。电脑的发展就是一个明证。甲骨文的成熟不一定需要两三千年的历史，当人们对一个事物摸索到规律的时候，它的发展不应该是简单的数学积累，而应该是跳跃的、飞跃的。唯其如此，才能体现文明在人类发展中的作用和魅力。

我们探讨文字的起源，当没有实物证明的话，理论上应该推导它的社会环境。文字的创造者应该是人民群众，其中为统治者工作的巫、史（也是人民的组成之一），是文字创造、规范、使用的主体人群。不管仓颉其人的有无，不管仓颉是否是黄帝时代的人,仓颉作为一个象征,是上古社会为汉字的创造使用做出过巨大贡献的巫、史的一个集中代表。推而广之,甲骨文和金文的作者,不管他是否留下真实的姓名,都是我们心中的"仓颉"。我们可以这样认为,历史上的仓颉不是一个人,仓颉是汉字的整理规范者的典型象征,从这个角度来说,仓颉理应得到后世的景仰和崇拜。

汉字的起源,不可能是单一的上述诸说的某一种。文字是一种符号,人类使用的符号多到不可计数。但人类的智慧可以根据一种符号的特征和使用,引申联想而创造另一种符号。汉字是一种难度较大、文明程度较高的表意符号,它的产生肯定比其他较简单的符号要难。陶符、族徽、八卦、结绳、书契等符号,都可能引发先祖们的联想。其中,陶符、八卦、书契以其几何形象,结绳、族徽以其具象,给人以启发。因此,初始汉字既不是由单一的抽象符号组成,也不是由单一的象物符号组成,这一点决定了庞大的汉字系统以后的发展方向。

第二十一讲　汉字的数量

——汉语发展不止,汉字就发展不止

古代的中国,随着社会生活的日益复杂,士在社会舞台上所起的作用越来越大。由于语言的不断丰富,需要不断地创造新字。这样,新字便在不同的时间、不同的地点,由不同的人按照六书的原则不停地被创造出来。这一情况可以从历代出版的字书一窥端倪。

100 年,东汉许慎编撰我国第一部字典《说文解字》,是中国第一部系统地分析汉字字形和考究字源的字书。全书收字 9353 字,加重文累计 10516 字。该书首创汉字部首,全书分 540 部。

543 年,南梁顾野王编撰《玉篇》。《玉篇》是我国第一部按部首分类的汉字字典。全书收字 16917 字,仿照《说文》体例,分为 542 部,注重篆隶的变迁。该书用反切注音,与《说文》以说明字形为主不同,《玉篇》以说明字义为主,开后代字典的先河。

1066 年,宋代汪洙等先后编撰《类篇》,收字 31319 字。此书由汪洙撰,经司马光整理成书。分 544 部。广收隶变后异字、俗字,故字数较前剧增。

1615 年,明代梅膺祚编撰《字汇》,收字 33179 字。依据楷体简化《说文》

部首,得 214 部。收古书常用字、俗字,不收僻字。突破"轻俗""重正"传统偏见,采取了"正俗兼收"的原则,保存了大批古今俗字,适当选收了原有历代字典不收或漏收的汉字。

1716 年,清代张玉书主编《康熙字典》,收字 47035 字,分 214 部。依照《字汇》《正字通》加以增订。采用部首检字和笔画检字两种方法,载古文以溯其源,列俗体以著其变迁。在很长一个时期内,《康熙字典》是我国字数最多的一部字典,为汉字研究的主要参考文献之一。

1968 年,我国台湾地区编撰大型辞书《中文大字典》。该辞书由《中文大辞典》编纂委员会编纂,由位于中国台北的"中华文化研究所"出版发行。共收录单字 49905 个,词语 37 万多条。采用古体竖排版。各单字下首列该字的甲、金文、篆、隶、楷、草等形体,并注明出处。下引古韵书反切、罗马字注音。次释字义。

1985 年,国务院汉语大字典工作委员会编纂《汉语大字典》。《汉语大字典》是以解释汉字的形、音、义为主要任务的大型语文工具书。其首版由四川、湖北两省 300 多名专家、学者和教师经过 10 年努力编纂而成,于 1990 年出齐。全书约 2000 万字,共收楷书单字 56000 多个。凡古今文献、图书资料中出现的汉字,几乎都可以从中查出,是当今世界上规模最大、收集汉字单字最多、释义最全的一部汉语字典。《汉语大字典》全书采用繁体字编排,必须按繁体字进行查找。

1994 年,冷玉龙等编纂《中华字海》。《中华字海》主要由两部分构成:一部分收自现存汉语辞书,如《说文解字》《玉篇》《广韵》《集韵》《康熙字典》《中华大字典》等书中的全部汉字;另一部分是历代工具书失收而应该收录的字,其中有佛经难字道藏难字、敦煌俗字、宋元明清俗字、方言字、科技新造字,以及当今还在人名和地名用字。此外,流行台湾、香港、澳门地区的俗字、方言字以及在日本、韩国、新加坡等国通行的汉字,书中也予以收录。共收楷书汉语单字 85568 个。

2013 年,中国政府网公布国家规定的《通用规范汉字表》,共收字 8105 字。《通用规范汉字表》是《中华人民共和国国家通用语言文字法》的配套规范,是现代记录汉语的通用规范字集,体现着现代通用汉字在字量、字级和字形等方面的规范。2013 年 6 月 5 日,国务院发出关于公布《通用规范汉字表》的通知,国务院同意教育部、国家语言文字工作委员会组织制定的《通用规范汉字表》,并予公布。《通用规范汉字表》公布后,社会一般应用领域的汉字使用以《通用规范汉字表》为准,原有相关字表停止使用。

该表共收录汉字 8105 个。分为三级。

一级字表为常用字集,收字 3500 个,主要满足基础教育和文化普及的基本用字需要。二级字表收字 3000 个,使用度仅次于一级字。

一、二级字表合计 6500 字,主要满足出版印刷、辞书编纂和信息处理等方面的一般用字需要。

三级字表收字 1605 个,是姓氏人名、地名、科学技术术语和中小学语文教材文言文用字中未进入一、二级字表的较通用的字,主要满足信息化时代与大众生活密切相关的专门领域的用字需要。

从以上编纂字典所收字数来看,从公元 100 年问世的《说文解字》始到公元 1994 年《中华字海》止,汉字字数是一个不断增长的趋势。这说明汉字的创造不是国家行为,而是文字使用者随机创造的,当然其中不乏大量的重复造字。

此外,从上述文字中,我们可以看出汉字有几个"爆炸"发展阶段。

一个是春秋战国时期,这一时期,因为中国的百家争鸣,因语言的需求而导致文字数量的大增,汉字总数比甲金文多了一倍。

第二个阶段是两汉,这是中国在世界上辉煌发展的时期,文治武功堪称上乘,仅一部《史记》便有五十余万字,更有训诂学、文字学等影响后世的学术著作问世,如《尔雅》《释名》《方言》《说文》等对汉语言文字的发展起到了巨大的规范推进作用,汉字总数又成倍翻番。此外,纸的广泛使用也大大降低了文化传播的成本,使文字的应用向更多的人更多的层面铺展。

第三个阶段是唐宋时期。这一时期由于文人真正地参与社会生活和印刷术的推广,汉字发展到三万多字,其诗词文章传世至今仍是我国语文教育的基本教材。中国形象真正在世界立足也肇始于此,中国的文明发展达到顶峰。

第四个阶段是近、现代汉语时期,元明清三个朝代,除了雅文化得以保持和发展外,俗文化也在语言文字方面获得长足进步。大量的俗字走上社会舞台,明末清初和晚清的两次西学东渐,使文字文化突破了文人的局限而成为社会公器。甲骨文的出现、《马氏文通》的问世和西方科学的输入,开阔了人们的眼界,使人们对汉字有了科学的认识、科学的应用。

第五个阶段是现当代时期,已经具有了科学眼光的知识分子阶层,在国家的支持下,开始认真考虑汉字的过去、现在和将来。在深入了解汉字全貌的基础上,适应今日世界发展局势,一面创造了很多科学用字,一面在汉字规范和简化方面做出了影响全体民族的大举动, 令人叹为观止。在此时期,文字工具书的编纂也突破了历史上只重视正字的传统,力求整理汉字的全貌,为全民的文字普及,并配合计算机的使用和社会正常的文字流通,最终限定了汉字的使用范围。

以上便是汉字的发展全貌。当然这不是汉字的大结局,汉字是中华民族的语言工具,汉语发展不止,汉字的发展就不会停下脚步。当汉字走向世界以后,谁又能设想汉字在世界各民族面前绽放怎样的花朵?

第二十二讲　汉字的规范

——贯穿汉字历史的国家行为

汉字的规范,这一概念人们已经很熟悉了。它缘起于汉字创造的随意性。古时,人们在书写文字时,常常会凭借着自己的文字知识,在需要新字时,甚至是一时想不起某字的写法时,便会依赖自己的知识储备自造新字,而这个字一旦被旁人接受便会流通起来。这不需要权威方面的认可。久而久之,篮子里的东西越来越多,使用起来反而不便。

春秋战国时期,一方面是诸侯争强、百家争鸣的繁荣,另一方面则是各行其是的文字混乱。等到秦始皇统一中国后,在行政管理上遇到的真正麻烦,就是文字的不统一。秦国使用的是秦系文字,即今日我们见到的石鼓文。而其他地区各有各的流行文字,这些我们统称为六国古文。其结果是政令无法下达,行政系统无法沟通。在此情况下才出现了秦朝以来一直影响至今的"书同文"政策。

"书同文"的真正实施者是秦丞相李斯。李斯本人书法造诣极深,其根据秦系文字大篆的基本形态,加以规范整理,根据自己的个人风格,创造了小篆字体,并用铸版刻石的方式,颁行全国以统一文字。其后,协同胡母敬、赵高等人编写字书用于庠序教育。这一汉字定形的举措功德无量,不仅使全国有了统一使用的文字,更深层的意义是文字的统一保证了文化的统一,文化的统一保证了国家和民族的统一。今天世界上很多学者在研究讨论中国历两千年历史而不变统一自强的缘由,结论很多,但归根到底是语言文字的传承保证了民族文化的凝聚。

图 22-1 秦泰山刻石

图 22-2 秦诏版

在此之后,虽然文人们从未停止过造字的脚步,但历朝历代的统治者也没有放松规范文字的措施。

"书同文"是中国历史上第一次由中央政府领导的正字法工作。一种文字的规范化、标准化,需要有定义、定量、定形、定音、定序等多种措施。从这个角度看,秦朝的"书同文"只完成了文字定形的要求,但用历史唯物主义的观点来看,这已经很不错了。秦的标准文字是小篆,同时也承认隶书的辅助字体的地位,秦隶则是秦系文字的一种方便简写。西晋卫恒《四体书势》:"隶书者,篆之捷也。"关于隶书,近人吴伯陶《从出土秦简帛书看秦汉早期隶书》的文章中说道:"可以用这个字的本义来做解释。《说文解字》中解释'隶'的意义是'附着',《后汉书·冯异传》则训为'属',这一意义到今天还在使用,现代汉语中就有'隶属'一词。《晋书·卫恒传》《说文解字·叙》及段注,也都认为隶书是'佐助篆所不逮'的,所以隶书是小篆的一种辅助字体。"郭沫若《奴隶制时

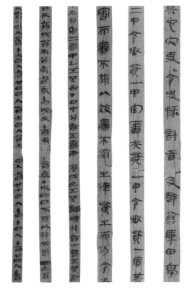

图 22-3 云梦睡虎地秦简

代·古代文字之辩证的发展》说:"秦始皇改革文字的更大功绩,是在采用了隶书。"

汉承秦制。最初也以小篆为官方文字,秦代的三篇小篆范本,仍是汉初的教学课本。公元 100 年,《说文解字》问世,该书以说明字形为宗旨,确认了汉字的字形规范。以后,汉代扩大了隶书的使用范围,最终成为汉代的官方标准字体。为了统一全国文字,公元 175 年,东汉蔡邕奉敕刊刻《熹平石经》,成为汉隶的标准楷模。《后汉书·蔡邕列传》:"熹平四年……奏求正定六经文字。灵帝许之,邕乃自书丹于碑,使工镌刻立于太学门外。于是后儒晚学,咸取正焉。及碑始立,其观视及摹写者,车乘日千余两(辆),填塞街陌。"《熹平石经》历经 8 年刻成,共计 46 碑,立于洛阳城南太学讲堂外空地处。此事从某种意义上可以理解为印刷术发明前的一种图书编辑出版活动,无论在内容上还是在形式上都产生了巨大的影响,一是订误正伪,平息纷争,为读书人提供了

图 22-4 汉《熹平石经》

图 22-5 汉隶

儒家经典教材的范本;二是规范字体统一文字字形。因此,《熹平石经》可以看作是汉代正字工作的国家行为。

楷书字体产生后,543 年, 南朝梁武帝命顾野王编纂了中国第一部楷书字典《玉篇》,从而奠定了楷书的正统地位。《玉篇》以说明字义为主,同时也不限于本义,而是把一个字的多种意义罗列在一起。《玉篇》开启了后代字典的先河。

唐代,楷书成为官方文字。833 年,《开成石经》问世。这是文宗大和年间,依汉故事镌石太学,由艾居晦、陈玠等人用楷书分写,约用了七年时间刻成的一部石经,计有《周易》等 12 种经书。共刻 114 块碑石。石经除了可以保证经典的准确性和权威性外, 对汉字楷书字形的规范也起到了重要作用。另外,唐代颜元孙编纂了《干禄字书》,将汉字分为俗、通、正三体,分别规定其不同的适用范围,为科举考试提供了书写范本。平心而论,科举用字的规范对汉字的正字起到了至关重要的作用。但也毋庸否认,科举用字排斥俗字的做法,人为地切割了汉字,也使这一交际工具有了雅俗的划分。

清代,钦敕张玉书、陈廷敬等编纂的《康熙字典》应该说是中国古代汉字正字的总结之作。该书的编撰工作始于康熙四十九年(1710 年), 成书于康熙五十五年(1716 年),历时 6 年,因此书名叫《康熙字典》。《康熙字典》收字相当丰富, 在很长一个时期内是我国字数最多的一部字典。它以 214 个部首分类,并注有反切注音、出处及参考等,罗列详尽。此外,除了僻字僻义以外, 在每字每义下, 都举了例

图 22-6 唐《开成石经》

子,而这些例子几乎全都是引用了"始见"的古书。但此书的编纂者很少提出自己的见解,且疏漏和错误较多,为人诟病。虽然如此,还是应该承认其为汉字的定型、定音和定义做出了杰出的贡献。

上述简要介绍了汉字规范在历史中的作为,然而真正的汉字规范还是要等到文字真正回到人民手中才能做到。几千年的历史中,文字是被统治者和士阶层把持在手中的,一直到1949年,我国的文盲率还高达90%。这是一个恐怖的数字,依靠这样的人民素质是无法建设科学社会主义的。在此情况下,做好汉字规范、普及汉字教育迫在眉睫。

1949年中华人民共和国成立前夕,吴玉章给毛泽东写信,提出为了有效扫除文盲,需要迅速进行文字改革。毛泽东把信批复给郭沫若、茅盾等人研究,并于1949年10月成立中国文字改革协会。

1951年12月,政务院文化教育委员会下设中国文字改革研究委员会,成为我国政府的重要职能部门。我国当时著名的语言学家悉数在位。

1954年10月,中国文字改革协会改为国务院直属的中国文字改革委员会,取代原政务院中国文字改革研究委员会。

1955年1月7日,中国文字改革委员会发表《汉字简化方案(草案)》。

1955年7月13日,国务院另成立汉字简化方案审订委员会。同年9月,中国文字改革委员会提出简化汉字修正草案,经国务院汉字简化方案审订委员会审订,1956年1月28日国务院全体会议通过。1956年1月31日,《汉字简化方案》在《人民日报》正式公布。

1955年12月,文化部和中国文字改革委员会联合发布了《第一批异体字整理表》。

1956年10月,中国文字改革委员会编印《第二批异体字整理表(初稿)》。

1958年2月,第一届全国人民代表大会通过《汉语拼音方案》。

1964年3月,中国文字改革委员会、文化部、教育部发出《关于简化字的联合通知》,扩大了类推简化的范围。5月,发布《简化字总表》。

1965 年 1 月，出版《印刷通用汉字字形表》。

1965 年 11 月，中国文字改革委员会编印《异体字整理表(修订稿)》。

1976 年 12 月，中国文字改革委员会编印《第二批异体字整理表(征求意见稿)》。

1977 年 12 月，中国文字改革委员会发布了《第二次汉字简化方案(草案)》。此次公布的简化字号称"二简"，社会反响不佳。

1985 年 12 月 16 日，中华人民共和国国务院办公厅发出《国务院办公厅关于中国文字改革委员会改名为国家语言文字工作委员会的通知》，中国文字改革委员会改名为国家语言文字工作委员会，仍为国务院的直属机构。

1986 年 6 月，国务院批转国家语言文字工作委员会《关于废止〈第二次汉字简化方案(草案)〉和纠正社会用字混乱现象的请示》。"二简"字停止使用。

1986 年 10 月，国家语言文字工作委员会重新发表原中国文字改革委员会于 1964 年编印的《简化字总表》。对原《简化字总表》中的个别字，做了调整。"叠""覆""像""囉"不再作"迭""复""象""罗"的繁体字处理。

1988 年 1 月，国家语言文字工作委员会、国家教育委员会发布《现代汉语常用字表》。《现代汉语常用字表》分常用字(2500 字)和次常用字(1000 字)两个部分。

1988 年 3 月，国家语言文字工作委员会、中华人民共和国新闻出版署发布《现代汉语通用字表》。《现代汉语通用字表》共收汉字 7000 个。

1988 年 7 月，国家教育委员会、国家语言文字工作委员会公布《汉语拼音正词法基本规则》。

1994 年 2 月 14 日，国家语言文字工作委员会转为国家教育委员会管理的国家局(副部级)。

1998 年国家语言文字工作委员会并入教育部，对外仍保留国家语言文字工作委员会的牌子。

2013 年 8 月,国务院公布《通用规范汉字表》。指出该表公布后,原有各字表一律停止使用。《通用规范汉字表》收字 8105 个,分为三级,一级字表为常用字和次常用字 3500 个,二级字表收字 3000 个,使用度仅次于一级字。以上汉字主要满足于出版印刷、辞书编纂和信息处理等方面的一般用字需要。三级字表收字 1605 个,是姓氏人名、地名、科学技术术语和中小学语文文言文用字中较通用而未进入一、二级字表的汉字,主要满足信息化时代和大众生活密切相关的领域的用字需要。

从上述的文字可以看出,1949 年以后,前期的工作重点在汉字的规范和简化普及,后期则将重点放在规范的科学化和缜密性上。1949 年以后的汉字规范和中国古代历朝历代的文字规范,性质和做法大不相同。古代的规范仅只满足于统治集团的需要,而将人民大众使用的俗字排斥在外,新时代的工作则着眼于人民大众的语用。二者的立足点截然不同。最重要的是,新时代的文字规范工作采用的方法是,国家行政权力的领导、专家的严密论证和人民大众的实践配合,三者共同努力才使得今日汉字历史上真正地成了人民的语言工具。

第二十三讲　汉字的简化

——简化是汉字发展的铁律

　　人类创造工具是为了方便使用,工具必须掌握在使用人手中才能成其为工具。为提高效率及适应新的需要,又必须赋予工具以新的功能,必须要在工具上增添可使用的内容,这就使得工具在使用中繁化了。繁化改进了工具,但也一定会增加操纵工具的难度,于是人又会反过头来追求工具的简化。繁化和简化就是工具的宿命,任何工具的命运都会如此。

　　语言是人类赖以交际的工具,文字是语言这一工具的工具,也必然会经受着繁化和简化的交替修正。汉字繁化的原则体现了文字识读的区别率,简化的原则体现了文字应用的简易率,二者不可或缺。几千年历史的汉字发展,就是在繁化与简化的交互作用下进行的。

　　文字是书写符号系统,它通过视觉感知的形式记录语言的声音和意义。形体作为根本标志,是文字存在的唯一形式。一个字的形体要求具备不同于其他字形的区别性特征,只有这样才能准确辨识,减少误认和误写。这就是文字所必需的区别率。

　　古汉字中,有"市"与"巿"二字。这两个字区别率极低。因为使用极不方便，"市"字目前已成为死字，人们宁可使用繁杂的"韍"。但在汉字群中，仍有以"市"为声符的合体形声字，如"肺"。不少人因为不认识"市"，而错将"肺"字的右半边写成"市"，造成书写错误。这样错误的不存在的"字"，我们称之为错字。

而这样形体相近，意义和读音完全不同的字，我们称之为形近字。如："人"与"入""干"与"于""口"与"囗""日"与"曰""厂"与"广""儿"与"几""土"与"士""大"与"太""天"与"夭""文"与"攵""户"与"尸""戈"与"弋""乂"与"义""己"与"已"与"巳""王"与"玉""聿"与"隶""木"与"术""未"与"末""止"与"正""贝"与"见""又"与"叉""鸟"与"乌""母"与"毋""良"与"艮""来"与"耒""皿"与"血""西"与"酉"等。

以上仅只举了一些独体字的例子，由这些独体字做部件而组成的大量的合体字，则又出现了无以计数的形近字。如"汩"与"汨""姝"与"妹"。

又如"臽"与"臼"，由于二字相近，所以今之"臽"字写成"陷"，且《现代汉语词典》只收录"陷"而没有"臽"。

这些形近字的出现，很大一部分是由于古汉字向今文字隶变时笔画简化变形所致。比如"春字头"的"春""泰""秦""奉"等字，古文字籀篆体的形体是完全不同的。"春"字的上半部为"艹"与"屯"的合写，"泰"字的上半部是"大"与"廾"的合写，"秦"的上半部是"午（杵）"与"廾"的合写，"奉"的上半部是"手"与"廾"的合写。这些字在隶变的时候，人们取其大概形似而笼统简化为三横一撇一捺的"春字头"。这种情况在汉字隶变中是不胜枚举的。隶书本身就是篆书的简化，但这种简化在很大程度上失去了古文字的象物造字理念。

追求工具的简单方便是人之本能。汉字的简化，是汉字流变的主流，我们今天使用的规范简化字就是汉字简化的集大成。但要说明的是，汉字简化不是今天的所为，汉字简化贯穿于汉字历史的始终。

今仅以"尘"字为例来透视汉字的繁简历程。

"尘"字最早见于《诗经》《左传》。成语"甚嚣尘上"即出自《左传》成公十六年"甚嚣,且尘上矣"。

《说文解字》中,该字形体上部为"麤",下部为"土"字,解释为:"鹿行扬土也。从麤,从土。"清段玉裁注曰:"群行则尘土甚,引申为凡扬土之称。"此字如用楷书书写,共有 36 笔画。《说文》问世时是 100 年,说明在此之前,这个字的写法甚难,何况是用篆书书写。

171 年,用隶书刻就的《孔彪碑》(孔彪,孔子十九世孙。此碑现存于曲阜孔庙)中,该字已简化为"塵"。"麤"省为"鹿"。南朝梁顾野王所撰《玉篇》(543年),已收"塵"为正字。释曰:"塵,塵埃。"整字楷书笔画为 14 画。

类似这样的简化还有"集"字。该字早期写作"雧",《说文》曰:"群鸟在木上也。"此后,"雧"省作一只鸟写作"集"。但"集"字的简化只止步于此。

而"塵"却没有停下脚步。"尘"字最早见于唐代敦煌变文写本中。这是"尘"字的最早的手写遗存,应该是当时民间的俗字。中古汉语时期,佛教流行。当时佛教信徒不乏像玄奘这样语言文字造诣极深的高僧大德,但人数众多的是大量文字功底平平的僧侣和百姓信众。因此,佛教在中国的传播,更多的是采用白话的口语开示、说唱佛本生故事和寺庙里大量的壁画雕塑等手段。这与道教的神秘化截然不同(道教为显示其神秘不同众庶,甚至将"天"字写作为"蘔")。所谓"敦煌变文写本"就是一百多年前发现于敦煌藏经洞中的说唱佛经和佛本生故事的白话口语脚本。这些东西原本流通于普通民众之间,所以其中兼有大量的俗字。

"尘"字最早出现在印刷物中是宋代的韵书《集韵》。《集韵》是古代音韵学著作,北宋丁度编纂于 1039 年。该书以收录异体字见长。"尘"在该书中即是以异体字身份出现的。

清学者吴任臣为弥补明代梅膺祚《字汇》之不足,对该书进行增补,增补内容是多收俗字。在《字汇补·土部》中有"尘,同塵"。

1964 年 5 月发布、1986 年 6 月重新发布的《简化字总表》,明确将"尘"作为简化字,列在《简化字总表·第一表》中。而"塵"字则作为繁体字列在

"尘"后。

从此,该字以"尘(塵)"的字条形式出现在《现代汉语词典》中。根据该词典的《凡例》说明:"本词典单字条目所用汉字形体以现在通行的为标准。异体字(包括繁体)加括号附列在正体之后。"从这句话可以看出,目前我国的文字标准以"尘"为正体,以"塵"为异体或称繁体。

上述文字,我们以"尘"字的流变历史为例,可以清楚地得出结论:汉字的发展是一个"简—繁—简"的过程。"尘"字从 36 画简化到 6 画,代表了汉字的简化规律。同时,我们还可以看清另一个问题,那就是国家机构和语言文字专家所审定的简化字,都是有来历的而绝不是无理由杜撰的。大量的已经流传于民间的俗字以及极简化的汉字草体写法(如"专""书"等),提升到正字的规格,不仅符合语言文字约定俗成的原则,也省却了再造新字的麻烦。简化是符合大众对文字工具的要求的,简化是文字发展的大趋势,是符合民心的。

当然,简化不是简单的简省笔画,汉字的简化是有许多途径的。

首先,把图画符号变成线条符号就是汉字的简化。汉字来源于图画文字,图画文字写起来是很繁复的,但可以只抓住事物的特点而省去一般性的部分。如"鼠"字只保留了尖利的牙齿、爪子和一条长长的尾巴。"鹿"字只保留漂亮的鹿角和善跑的四条腿。"艸"叶向上,"竹"叶向下。然后再由篆而隶,由隶而楷,最终变成不是图画的线条,而这样的线条在变化的过程中始终保留着原有的意义,因此,线条成了线条符号。

其次,人们在创造汉字的时候,为了表示另一种新义而采用重复、重叠的造字方法。如"虫"字原义为"蛇",而把形状如蛇,个体很小,麇集在一起的,造字为"蟲"。但当有了"蛇"字以后,"虫"不再具有"蛇"义,于是"蟲"便简省为"虫"。又如"塵""集""星"等字,原来字的上部都是品字形的重叠部件,以后都简省为一个部件。

再次,将原有的字形只保留一部分,而将其余部分省去。如"氣"省为"气""廠"省为"厂""廣"省为"广"。这三个字在造字之初即写作"气""厂""广",而后又繁化为"氣""廠""廣",然后再简化为原形,也正是走了一条"简—繁—简"的道路。这一类文字还有形声字的"省形"和"省声"。"星"字是为"省形","疫"字的声符是"役"省。有趣的是"高"字,造"毫""豪"等字中,"高"为声符的简写,我们称之为"省声",而在"亭"字中,"高"为形符的简写,我们称之为"省形"。

当然最多的简化还有另造新字一途,这也是有些汉字会有异体、或体、俗体的重要原因。除了像"塵"字另造会意字"尘"外,更多的是利用形声字的造字方法另造新字。此类现象太多,不一一举例了。

总之,汉字的繁化是一条规律,汉字的简化更是一条铁律,其中有汉字结构的简化,也有汉字字体的简化。这是汉字的大趋势,任何反对之举,嘲讽之音,都不是可取的。

第二十四讲　汉字的三要素

——重形、轻音、多义

　　任何语言词汇都是音与义的结合体，任何文字都是利用视觉形体符号来代表音与义的结合体，因此，形、音、义三者是任何文字共有的一般性特征。但汉字是有别于世界上其他文字的一种独特的文字，这种独特性表现在汉字的形、音、义三方面。所以，我们认识、使用汉字就不得不研究汉字的形、音、义。

　　汉字之形区别于其他文字，一是源于它的出身，二是由于它的构造笔画。

　　汉字起源于图画文字，因此它的形从一开始便带有图画的基因，随着几千年来书写工具由甲金到纸张的变化，以及书写者的主观要求，汉字已渐趋由具象的描摹演变成由笔画组成的线条符号，但其图画基因仍可通过追溯流变脉络而显现。这与拼音文字的纯抽象符号完全不同。

　　汉字演变至今，出现了几种基本笔画和二十几种派生笔画。这些笔画远比世界上其他文字要复杂。此处之所以使用"几种"一词，是因为到目前为止，我国国家机构和相关专家还没有一个统一认可的说法。

　　我国国家认定的工具书《汉语大字典》和《辞海》在《笔画检字表》中认定

的基本笔画为 5 种,即"横""竖""撇""点""折"。

一些从事语言文字的教育者认为汉字笔画应包括基本笔形 "横""竖""点""撇""捺""提""折""勾"。其中折笔笔形变形较多,多达二十几种。如下列汉字中的折笔各不相同:又、及、专、以、计、丑、山、厶、鼎、凸、疋、丁、弋、心、豕、儿、月、乃、与、阶、几、沿。

我国古代早自唐开元年间就有书家张怀瓘在《玉堂禁经》中谈道:"大凡笔法,点画八体,备于'永'字。"并说:"传授所用八体该于万字。"这个观点以后发展成为著名的书法理论"永字八法"。"永字八法"概括了汉字的八种笔画,虽然古今命名不同,但内容大体一致。

笔画是汉字的书写元素。在不同字体中,汉字的笔画有不同的书写要求。今日,我国通用流行的字体是历史传承下来的楷书,因此,我们今天讨论汉字的笔画是以楷书为基准的。楷书的书写原则是生理性的。书写者通过眼与手的合作完成一个字的书写。对眼睛来说,其原则是书写时不能挡住视线。对执笔的手来说,其书写原则是由远及近,向心书写。书写时任何违背这两个原则的动作都是不规范的。

一个完整的笔画,不论其长短、运行轨迹,都是从笔锋落在纸上为始,历经笔迹在纸上的拖曳划痕,至笔锋离开纸面为终。其中的有始有终都是有规范要求的,这便是笔顺。笔顺是不容忽视的,它决定了一个字的书写顺序。

但是,笔顺还有第二个含义。在一个汉字中,笔画与笔画之间是有机联系的。若干笔画可直接组合成一个整字,也可先组合成一定样子的部件,再由若干部件组合成一个整字。这其中笔画与笔画的顺序也是有原则要求的,这个顺序我们也称之为笔顺。

笔顺是连笔成字的正确途径,其基本原则是寻找最短的连笔距离。其规则是:先上后下,先横后竖,先撇后捺,先中间后两边,先外边后里边再封口。要注意,这只是一般的原则要求,在现实书写中可能会有一些灵活变化。例如"左""右"二字,在用毛笔书写时,"左"字第一笔为横,"右"字第一笔为撇;

但在一般硬笔书写时及文字工具书检字表中,二字第一笔都规定为横。

在一个整字中,有些笔画较为紧密地结合在一起,这个笔画组合对整字起某些特定的作用。比如占汉字总数90%的形声字,人们可以很明确地将一个整字切分为表义和表音的两部分。这两部分人们习惯地称之为偏旁,并分别命名为形旁和声旁,或称之为义符和音符。因为汉字的表意属性,人们对形旁的关注度较高。从中国的第一部字典《说文解字》开始,人们便有了将汉字归类的主观要求。而这个任务责无旁贷地落在形旁的身上,这个形旁人们名之为部首(当然,事有例外,有些为了归类的方便,部首的任务也可能落在音旁的身上,如"视"归为"礻"部,"舅"归为"臼"部)。偏旁承担了汉字的理据性责任。

但今日现代汉字学中,逐渐抛弃了偏旁的概念,而选择了部件的概念。部件概念的提出,是因应了计算机汉字编码的要求。因为某些偏旁形体过大过于复杂,不利于计算机编码,故而人们对整字中的笔画组合,只要有切分可能的便切分下去,而不考虑是否承担理据性作用。如"胡"字,根据传统偏旁理论,将该字分为"古"和"月"两部分,但在部件切割中,此字分为"十""口""月"三个部分。这三个笔画组合,只是构字部件,不承担任何理据性作用。

正因为汉字的笔画形态较多,从而导致在有限的方框空间内,笔画与笔画可组合成数以万计的字形。这些笔画组合,少至一、二笔,最多可达几十笔。汉字简化以后,根据国家语委教委发布的3500个常用字和次常用字统计,汉字的平均笔画为9.78画。虽然笔画简省了许多,但仍然比世界上其他文字的笔画要繁复得多。汉字通过笔画与笔画的有机组合,构成了不同的字形。这样各不相同的字形,虽然在识读上会增加一定的难度,但在很大程度上区别了同音词的不同字义,从而解决了口语中同音词的困扰。这就是汉字"以形辨义"的特点。也正是由于汉字的"以形辨义",所以汉字最终没有走上拼音化道路。这也可以说是汉语和汉字之间的一种胶合默契。

前文讲过"音"是语言的物质属性。汉字是汉语的书面形式,当然会保有

"音"这一属性。但汉字在创造之初并不是"以形表音",汉字缘起于图画,"以形表义"是汉字的先天属性,所以,汉字始终具有"重形"的特点。"重形"就会导致"轻音",这本来是汉字的一个缺点,但中国自古至今地理区域过于广袤,广袤的地理阻隔会造成方言的产生。方言的第一特征就是方音,方音是不同地区之间人们语言交际的最大障碍,而汉字的"轻音"却很巧妙地绕过了这一障碍,从而使汉字可以在不同方言区自如交际。这又使得汉字的这一缺点变成了特点,甚至这一特点还可延伸到汉字文化圈中的外国。

当然汉字的终极目的是要"表义"的。理论上说,一"字"应该对应一"形"、一"音"、一"义"的,但在实践中这却是不可能的。

古汉语是单音节语言,一词一音节。但汉语只能发出 1180 个音节,也就是说,汉语的"同音词"现象是绕不开的十分严重的问题。理论上的解决办法只能是增加音节来区别语词。但单音节词又是古代汉语的一条铁律,因此只能通过不同的汉字字形来区别汉语同音词。这也是汉字最终不能甩开"以形表义"的一个重要理据。其结果,从文字的角度看,"一音多字"就不可避免了。

此外,汉字的创造是开放性的。不同的时间、地点、人物可能会为同一个单音词创造文字,那就势必会出现"一字多形"的问题。这也是汉字的痼疾。这导致历代政府都会通过正字的方式来规范文字的使用。在这个问题上,我国政府在 20 世纪所做的简化和整理异体字的工作是最为彻底的。

再有,由于农业文明的中华民族所特有的包容性,在语言文字的使用中,会不停地在词的原有意义上增添新义,以至于我们在今天的汉语文字工具书中可以普遍地看到一个字的义项可以多达数种或十多种。无疑,这又造成了汉字的"一字多义"。

总之,汉字不是一字一形一音一义的,在普遍的情况下,汉字一字是多形多音多义的。我们以"一"字为例:

"一"字可以写作"一""壹""弌";

"一"字读音为"yī",在组词时变调为"yí"(一切)、"yì"(一生);

"一"字的字义为：

（1）数目，最小的整数。

（2）同一：一视同仁|咱们是一家人|你们一路走|这不是一码事。

（3）另一：番茄一名西红柿。

（4）全；满：一冬|一生|一身的汗。

（5）专一：一心一意。

（6）表示动作是一次，或表示动作是短暂的，或表示动作是试试的。

①用在重叠的动词（多为单音）中间：歇一歇|让我闻一闻。

②用在动词之后，动量词之前：笑一声|看一眼|让我们商量一下。

（7）用在动词或动量词前面，表示先做某个动作（下文说明动作结果）：一跳跳了过去|一脚把它踢开|他在旁边一站，再也不说什么。

（8）〈书〉助词，用在某些词前加强语气：一何速也|为害之甚，一至于此！

[注意]"一"字单用或在一词一句末尾念阴平，如"十一""一一得一"，在去声字前念阳平，如"一半、一共"，在阴平、阳平、上声字前念去声，如"一天、一年、一点"。

以上对"一"字字义义项的说明均抄录自《现代汉语词典》。

上述只是一个简单的例子。汉字的一字多形，除了增加使用者的麻烦外，毫无益处。因此，历来被管理者用正字和规范的方法约束之。

但汉字的"一字多音"多和汉字的字义变化有关，也有的是和汉字的多字连读而导致的音调变化有关。这是汉字的内涵丰富所致，只需多加学习倒也无须多虑。

汉字的"一字多义"，原本是古汉语单音词即单音字造成的。社会生活越来越复杂，导致语言词汇要反映的内容越来越多。在这种情况下，词义的增益和活用是顺理成章的事情。词义的增益和活用反映在汉字上，自然是汉字字义的增多。

进入现代汉语时期后，古汉语的单音词逐渐被复音词所替代，汉字的身份也发生了颠覆性的变化。当今,一个汉字在大多数情况下,并不是被当作一个完整的词来使用,而是需要和另外的一个或多个汉字组成复音词来使用。一个复音词的词义是由所使用的汉字的字义复合而成,此时,存在于复音词中的汉字所贡献出来的仅仅是它的语素意义而不是词汇意义。换句话说,原来古汉语中一个汉字所保有的诸多义项,就变成了可以组词的诸多语素。一个汉字的义项越多,其能够参与组词的机会就越多。现代汉语中词汇的丰富和组词的灵活,即源于此。

所以,汉字的多形多音多义,其中有利又有弊。我们要做的工作就是去除汉字的弊端而充分发挥汉字的能创性,以完成时代赋予汉字的交际传承功能。

第二十五讲　字形的变化
——与书写工具的进步有关

　　就目前所见到的史料看，汉字的产生和发展历经了三四千年的历史，其字形经甲金篆隶草楷行而发展至今，其间繁复的流变过程映射了中华民族社会文明和生产力的进步和发展。考察汉字形体的历史变化，可以把脉中华民族的文明历史，也将为汉字的发展提供理论与技术的准备。

　　一、汉字的形体变化是书写工具进步的结果

　　就目前考古所见，最早的文字是商代的甲骨文及其同期和稍后的青铜器铭文。这些文字就是文字学家所说的甲金文字。甲骨文是用尖锐的工具在龟的腹甲或牛胛骨、鹿头骨上契刻而成。金文则是铸刻在青铜器上的文字，早期的青铜器铭文是先在胎模上契刻文字，然后再浇铸在青铜器皿上，工艺细腻，流程缓慢。到了战国时期，由于生产力的发展，可以制造大量的青铜器，因而铭文的制作改为在青铜器上直接契刻，需满足大量的急就的政治目的的需求。这样，甲金文字走了一条刻—铸—刻的历史轨迹，这条历史轨迹标志着时代的科技进步。

　　甲文用刻，甲骨骨质具有一定硬度，笔势以直笔为主，文字以描摹事物的大致轮廓为特征,字形质朴,象形性强。商周春秋金文用铸,子胎泥模松软,笔势以曲笔为主,器物供奴隶主贵族使用,铭文字形华美,修饰性强。战国金文在现成的彝器上刻字,有急就特征,字形率真,更多地体现了国别特点和契刻工匠的个人风格,虽然从审美取向上看,战国金文不如西周春秋金文更加美观,但直接在青铜器上契刻,没有比以前硬度更高的金属刀具和工匠更加娴熟的契刻技艺,是不可能做到的。可见战国金文的契刻是建立在生产力进步的基础之上的。笔者以为今天人们在评判不同时期的文字优劣时,不能单从书法美学的角度考虑,也应思考当时生产力发展所带来的书写工具的改革。

秦汉期间的隶变是汉字由古文字走向今文字的转捩点。隶变的因由固然是由于官吏们不堪工作的重负,自发地将繁难诘诎的篆书改造为相对简单平直而又省事省力的隶书,而书写工具的改变也是重要的原因之一。选择竹简木牍作为汉字的载体,是农耕文明自然而又必然的一种选择。竹简木牍表面平滑,体表修长。而代替了金属锥形工具的毛笔,那柔软饱满可随指腕的用力而变化无穷的特性,遂使汉字有了横向的趋势,曲笔变直笔,轻波重磔,有撇有捺。此外,由于中华民族敬天祭祖的习俗,以及商周传承下来的契刻技艺,汉代以来碑刻盛行,隶书得以在石面上再加工,于是写与刻再一次巧妙地合作,使得隶书有了今天这样丰富多样的面貌。比如《曹全碑》使我们领略了写匠使转毛笔的飘逸秀美,而《张迁碑》却让我们看到了刀功的雄浑厚重。

由隶而楷是纸的发明所致。纸表面粗糙生涩,毛笔笔锋富有弹性,

图 25-1 汉《曹全碑》

图 25-2 汉《张迁碑》

二者相辅相成，浓稠的墨汁借助柔韧的笔锋在生涩的纸面上艰难地推进而留下印记，为了使墨汁均匀地流布在心中所想的位置上，借助指腕的运动，楷书有了横、竖、点、折、提、钩、撇、捺八种笔画，而八种笔画的巧妙结合又使汉字生出无穷变化。中国的笔墨纸诞生了楷书书体。在以后的历史中，中国的笔墨纸没有革命性的变化，因此楷书便也没有发生变化。只是宋代雕版印刷的刊行，又一次用上了契刻，这一次是刀具和木版的接触。因为刀痕要迁就木质纹理的原因，于是出现了横平竖直、横细竖粗的宋体字。一千年来，尽管中国的印刷术由雕版而活字、由木质而泥质而金属而电脑，但其印刷的本质不变，宋体字也因其清晰隽秀的字形，至今仍是印刷字的主体字型。

二、汉字形体的变化是书写简洁的客观需要

语言是交际的工具，文字服务于语言也是交际的工具。人类使用工具是为其行为目的服务的。上古汉语时期，单音词是词汇的主体，为避免同音词的影响，汉字在假借字的基础上增加义符以使之类化分化。其结果使汉字走上繁化的道路。然而追求简便又是人类使用工具的不可动摇的心理原则。为此汉字又在使用者的潜意识下固执地走着简化的道路。简化汉字，一是表现在汉字形体的简省，即在不影响汉字意义表达的前提下简化笔画数目（目前中国推行简化字即是这一原则的体现）；二是表现在汉字书体的变化，汉字由篆而隶而楷而行，一简而再简，在书写工具日渐完善且随着生产力的发展而大众化普及的条件下，汉字的形体最终经流变而发展成今天这种模样。

商代文字以金文为正体，甲骨文为俗体。金文体现尊贵，经工匠精雕细琢，不怕繁复有徽记特征。甲骨文是巫、史的手写笔记，其构造比金文要简化得多。

篆书的享用和书写者是统治阶级及其附属阶层——士。周承商制，商周彝器铭文更多地体现的是审美价值，字形繁复，曲笔优美，且工匠也有了日趋发展的生产工艺。统治者的要求、士的知识结构和工匠的技艺，三者的完美结合创造了精美绝伦的彝器铭文、石鼓文和六国古文字。篆书的极致是秦朝李斯在其法家思想的匡正下,以"书同文"的行政命令推行的小篆。小篆的推行是用刻石和诏版的形式颁行全国,此举若无当时效率极高的制造部门和颁行渠道,是不可能做到的。秦朝短暂,而小篆流布深广。当时行之有效的社会文明和生产力组织实施的进步由此可见一斑。

隶变是文书工作的客观要求,书写简便是其唯一诉求。精致的毛笔最终突破了古文字的"随体诘诎"的象形。秦汉大量的书记工作,使隶书有了流行的社会基础。秦的"以吏为师",汉初的今文经学的盛行,更是推波助澜将隶书介绍给了社会。此时,隶书作为正体广泛用于正式场合,而庞大的工作压力又迫使文员们追求书写更快的章草。章草作为俗体字以其快捷在两汉有着强大的生命力。章草产生于西汉中兴时期,初创伊始往往粗俗草率,因此有急就之说。若干年后,纸的发明为书写打开了天地,今草代替了章草,其已不再是赴急所用的俗体,而是供人秘玩的雅品了。但书写文字是为了记录语言,因此,书写文字的第一要素是能够认读,至于艺术上的观赏品位则无关宏旨。在此理性精神和客观实践的要求下,先人们将高度规范化、简化的隶书和日益艺术化的章草结合起来,于是产生了结体大大简化而笔画却变得复杂美观的楷书。楷书清晰好认好写,世人以之为楷模,遂有楷书、真书、正书之称。

文字演化的基本趋向就是简化,就是书写便捷。楷书的笔画虽然繁复了,但楷书最大限度地脱离了篆隶的表形轮廓的描摹,最终完成了线条表意的符号过程,其结体以比隶书更趋简化而深受人们的欢迎。

草书原本是描摹隶书字体的大致轮廓,是秦时书吏们为自己服务的一种字体。但当魏晋时期人们不满足于楷书的书写速度时,由隶而来的草书便与楷书结合,形成一种书写更为简便的今草和行书。

以公元为界,纵观公元前两千年古文字和公元后两千年今文字发展的历史,不难看出"简化"是引导汉字字形流变沿革的主动力。把握"简化"二字,便抓住了汉字今后的发展方向。这也是 20 世纪 50 年代发展简化字的最具说服力的理由。但字形简化带来的汉字区别率的降低也是不争的事实,因而简化字走到一定程度也便走不下去了。这就是今日汉字字形稳定的历史事实。

今日汉字字形稳定的事实并不能阻遏人们要求书写简捷的心理要求,硬笔代替软笔,使汉字笔画的书写摆脱了拘谨,这是一种简化,各种电脑汉字输入法的竞争与普及也是一种简化。有谁能断言,在今日风靡世界的各种汉字输入法之后,不会出现一种比今日更为简捷的汉字使用方法?

三、汉字的形体变化体现了使用者审美趣味的提高

人类随着进化而有了语言,人类的社会存在不能没有语言。人类社会的存在不取决于是否有文字,但高度文明发达的社会必须有赖于文字。文字是随着文明的发展而发展的。当文明发展到一定阶段,物质的滋养使人类有了精神的需求。审美便是人的精神需求的高级体现。文明愈发达,审美取向就愈高级。汉字作为中华文明的一个重要组成,在不同历史时期始终体现了当时使用者的审美趣味的追求。汉字的审美表现在汉字的结体组成与笔画的书写方法上。历史时期不同,生活在不同社会层面的人们会有不同的审美取向。如魏晋文人崇尚灵魂的不羁,二王行书的灵动就是最好的体现。而明清官僚阶层风行的馆阁体,也反映了当时官场的思想桎梏。

文字虽然是人类在进步途中为扩大、延伸交际的时空范围而发明创造出

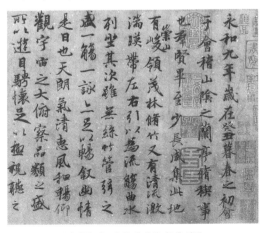

图 25-3 王羲之《兰亭集序》

图 25-4 清代馆阁体书法

来的,但汉字从它的诞生之日开始,就表明了它为统治者服务的属性。不论是传说中的仓颉造字,还是考古中发现的甲骨文和青铜器铭文,初创的汉字已经不是为人民大众的生产生活服务的了。甲骨文的书写者是为商朝统治者工作的巫、史。可以说今日发现的大量甲骨片大都是巫、史占卜的工作记录,这种东西只需统治者和巫、史自己看得明白就可以了。但我们今天仍然可以在甲骨片上观赏到不同的巫、史契刻者所留下的不同的字迹。这些字迹有的秀美,有的粗犷,但同青铜铭文的唯美取向相比不可同日而语。青铜器是敬天祭祖的礼器和贵族筵饮的食具,同时也是上对下赏赐的重器,其形制和规格都是马虎不得的。至今中国的饮食文化仍有"色、香、味、形、器"五美之说,其中的"器"即是指礼器或食具的形制规格。器上的铭文有的是表明氏族地位的徽记,有的则记录赏赐的因由,这些文字的重要性是不言而喻的。唯其重要,这些文字的书写契刻就不能不美。由此可见,汉字从其发明之始,就有了审美的要求。

大篆中的秦系文字和六国古文的雍容华美,来自统治者的需求和匠人的精心雕琢,其装饰性的笔画体现了诸侯国的不同地区的不同风格和匠人的个人特点。秦系文字的拘谨,六国古文的放纵,也正是当时时代动荡的体征。秦朝的小篆以其法度的严谨更多地表现了法治的时代精神。篆书结体对称,修饰性强,长于审美的对称性,但由于用具的相对简陋,所以笔画还只有直笔和曲笔两种。

古代奴隶制社会时期和封建社会早期,贵族占有着大量生产资料和社会文明成果,垄断享受着精美的文化,这不仅是其心理生理上的需求,同时也是一种统治的"术"。古文字时期的汉字就是在这种精心的使用中被塑造了优美的字形和品位。但这种字是不适合于日常使用的,正因为这个原因才有了从篆到隶的大变革。

早期的隶书体现了简书十足的工作性的草率。简书因其书写目的而有了两条不同的发展道路。一条路线是加强汉简的草意,在更为放纵的书写中,

图 25-5 秦石鼓文

图 25-6 秦简

图 25-7 秦小篆

最终发展为章草;另一条路线是自由随意的汉简经过碑刻的规范化的二度创造,逐步发展为隶书的正体。在内容多为歌功颂德的汉碑上,书家和刻匠联袂创造,使汉隶一下子拥有了或隽秀飘逸或厚重雄奇的身姿。

以后,纸的发明和使用,又使隶书平添了许多阴柔和妩媚;而碑文上刀刃和石头的硬碰硬,又使隶书充实了阳气。书家及刻匠从不同的角度突出了笔画的变化和完美,笔画也由篆书的直笔和曲笔发展为横、竖、撇、捺四种。隶书潇洒自信的属性充分反映了四百年汉朝国家强盛的社会属性。可以说没有两汉政治、经济、文化的发达与开放,便没有我们今日所见到的隶书。

新兴的楷书是在章草和隶书正体的高度规范的基础上融合而产生的。由隶而楷,结体大大简化,而笔画却变得复杂和丰富多样。楷书的变化是时代审美的要求。由于纸、笔、墨的各自属性,楷书发展出多种笔画。每种笔画各具形态,且笔画与笔画相互勾连,笔断而意不断,字势间架结构贯穿着运笔的路线和过程,汉字形体臻于高级和完美。更重要的心理启示则是,从 400 年的魏晋南北朝的社会动乱到 300 年的隋唐兴盛的大一统,人们需要一种规范的、平稳的、自信的社会心态。楷书正是这种社会心态的自然流露。

对于汉字使用的主体而言,汉字演化的行为目的是简化,汉字演化的心理目的是美化。汉字字体的流变过程是简化和美化的双重叠加的结果,在社会生产力和社会文明发展的引领下,最终达到上文所说的高级和完美的最后阶段——楷书。

西方的纸笔引入中国后,出现了所谓的硬笔书法,这种书法简化了楷书笔画的繁复,同时也出现了现代的美术字。虽然如此,汉字仍然在走着简化与美化的并行而交叉的道路。汉字的将来恐怕也不能偏离这样的道路。

综上所述,几千年的生产力的发展,限定了汉字发展的行为轨迹;几千年的文明进步,又使汉字突破了简单书写工具的界定,具有了社会文明的内涵。汉字有了文化属性,汉字也就有了艺术属性。这种属性在世界其他民族语言文字中,怕是绝无仅有的。这一点充分证明了汉字形体发展的历史就是汉民族物质文明和精神文明发展进步的历史。

第二十六讲　字音的流变

——源于复杂的社会变化

　　汉字字音的流变源于汉语语音的变化,而汉语语音的变化则源于社会人员的流动。大抵人员流动频繁的地区,语音变化自然较多,而山川阻隔、人员稀少、文化闭塞的地区,语音变化自然较少。今日的语言学家在方音考察时所做的田野调查,都是遵循这一理论。

　　因此,讨论语音的变化是一个复杂的社会变化的结果。其中有社会生活的发展对语言表达的要求,也有社会不同阶层的刻意追求,也有社会人员流动造成的方音差异,而文字滞后的出现及与新字的重叠等,都是造成字音流变的原因。

　　夏商时期,社会中心在河南,历时近千年,政治、文化相对集中稳定,相信语言也会相对稳定。春秋战国时代,社会出现多个政治文化中心,有能力有文化的阶层也有了多个可供选择的社会平台,语言文字自然随着中心的建立和人员的流动而出现变异。乃至于秦始皇为国家的统一而不得不颁布"书同文"的政令,同时在全国官办学校统一汉字教材,这一政策在汉初得以继承。教材的规范,标志着语音字音的又一次统一。之所以出现被统一,恰恰说明语言文字的流变对社会的影响不可小觑。

一个国家的中心，莫过于皇权所在和集中了社会精英的首都。迁都，或者改朝换代另建首都，则标志着新的中心的建立。在中国的历史中，号称六朝古都的城市有四个：西安、洛阳、开封、南京（这还不算有近千年历史的夏商都城），此外还有一个有 800 年历史的都城北京。

在这里隐藏着一个有意思的现象。河南在中国历史中作为中心的时间是最久的，其次是在周秦汉之际，中心的两次西东的反复迁徙，再以后则是中心的南北转移了。中国历史都城的变迁，恰恰也是汉语语音的西东与南北的流变。

除此之外，移民对语音流变的影响也是巨大的。五胡乱华、晋永嘉丧乱后的民族迁徙，南宋的建立，基本奠定了北方方言和东南地区几大方言的成型。明初的人口北迁（山西大槐树的传说），清初的湖广填四川，元、清的民族融合，这些都对汉语语音的流变和方言的建立，起过重要的作用。其他如军队的调动也是如此，秦始皇五十万大军入粤，而有明一代，就有军队驻屯在广西和贵州所造成的"蛙跳"式方言区，以及天津的"方言岛"。

移民的迁徙，是文化及语言传播的一条重要脉络。研究汉语的发展，不能不对移民现象予以关注。

但中华民族重视读书教育的传统，又始终贯穿于中华历史的全过程。商周时期我国就有完好的庠序教育体系，自孔子开私学之后，民间办学几成风气，宋代以后的书院，更是将读书教育推向极致。我们在这里提出这一问题，是因为学校教育的一贯性，为汉语语音保留了极为可贵的"读书音"。

《论语》有言："诗书执礼皆雅言也。"《荀子》有言："君子安雅。"说明上古时期存在着"读书音——雅言"体系。"雅言"必须有一个现实存在的口语音系做基础。政治文化中心有赖于雅言的联系而得以存在，而雅言也保证了政治文化中心的独尊地位。

但这也造成了读书音和口语音的差别，换另一种说法，也就是文读与白读的差别。这使得古代汉语出现了并行的两种语言表达体系——文言文和白话口语。

文言文为了保证自古以来的一贯性,除借助老师的严格诵读外,历代出版的字书无不重视文字的音读。历史上,由于中国没有发明音素字母,古人为生字标音的办法,不外乎譬况法、读若法、直音法和反切法。

所谓譬况法,是用描写性的语言来说明某一个汉字的发音状况。如《诗集传》朱熹注"关关雎鸠"之"关关"为"雌雄相应之和声也"。这种方法只是说明某字发音应该怎样,实际上还不能算是真正的标音方法。

所谓读若法,是用一个读音相近的字来注音。如"珣",《说文》注音为"读若宣"。这种方法只求近似,当然所标的音也不是十分准确的。

所谓直音法,就是用一个同音字来注音。如《诗集传》"君子好逑"之"逑",朱熹注为"音求"。直音法简捷明了,但在没有同音字或同音字更为生僻的情况下,直音法则无能为力了。

所谓反切法,就是用两个汉字来拼出另一个汉字的读音。古人叫"反",或叫"翻",也叫作"切"。它是把用来拼音的两个汉字分拆为声母和韵母两部分,反切上字取声母,反切下字取韵母和声调。如:"红,胡笼切。"这种方法比起以前几种方法是大大前进了一步。反切法缘起于东汉年间佛教的传入,译经事业兴盛,在梵文拼音的启发下,中国文人创造了反切法。

南宋郑樵《通志·七音略》:"梵人别音,在音不在字;华人别字,在字不在音。故梵书甚简,只是数个屈曲耳,差别不多,亦不成文理,而有无穷音焉。华人苦不别音,如切韵之学,自汉以前,人皆不识,实自西域流入本土。"郑樵的话说得很明白,但因为汉字是方块字,要用两个汉字去拼合出另一个汉字来,实际使用中也还是不便,而且由于字音在变化,有些字已经很难"切"出它的读音了。另外,同一个声母或韵母可以用几个、十几个甚至几十个汉字表示,用作反切的字不能划一,掌握起来就会非常繁难。

比如《诗经·周南·关雎》之"窈窕淑女"之"窈",北宋真宗大中祥符元年

（公元 1008 年）完稿的《广韵》注为"乌皎切"，北宋仁宗宝元二年（公元 1039 年）完稿的《集韵》注音为"一叫切"，而到了南宋朱熹（公元 1130—1200 年）的《诗集传》中注音为"乌了反"。三组反切，各用了不同的汉字，按今日的字音反切出两个读音。此例或可反映出反切法仍有其不可避免的弊端，其中，不管是被反切字，抑或是反切上字，也可能是反切下字，只要有一字发生字音流转，都会造成结果的不同。

汉字字音的流变是一个复杂的过程。早期的汉语自然是发音相对简单，随着社会生活的愈来愈复杂，汉语的发音也自然会向复杂化发展，在不改变单音节属性的前提下，音节的复杂化更多的是向增添辅音韵尾的入声字发展，这种状况在中古汉语时期达到顶峰。我们在今天受中古汉语影响的东南地区的诸多方言中不难得到例证。而北方方言，由于受民族融合的影响，以及所谓的"雅言"向南方的转移，自元朝开始，汉语的口语化倾向愈来愈重，词汇向复音化发展。在此背景下，由于语速连贯的作用，阻碍发音的入声韵尾逐渐消失，只留下了"n"和"ng"鼻辅音韵尾，其他韵尾的消失使汉语出现了"入派三声"和"平分阴阳"的重大变化。从此，汉语在近、现代阶段语音又由繁向简演化。汉语语音的发展道路，与汉字字形的发展道路几乎相同，都是在走一条"简—繁—简"之路，只不过时间不同步而已。

正由于语音和文字的不同步，语音演变在前，新字的产生相对在后，老字的仍在使用和与新字的重叠存在，造成了汉字的复杂的历史状况。汉字的同音字现象（做与作，象、像与相），新老字形的音符不一致现象（袴与裤），音符相同而字音不同的现象（榜、螃、镑），一字多形多音多义现象（以"和"为例：多形：和、龢、咊、詠、訸；多音：hé、hè、huó、huò、hú；多义：平和、和谐、结束战争或争执、比赛不分胜负、连词、介词、数学概念、姓氏）等诸多问题，其中一个值得讨论的要素，就是字音的变化与字义的变化有关。

一字多音的问题，只要稍具一定的文字学知识，在现实语境中或上下文语义的启示下，选择某字的正确读音并不在话下。但有时人名或地名，则会出现选择哪一个读音的纠葛。

以孔子弟子曾参之名为例：

"参"字读音为"shēn""cān"和"cēn"三音。读"shēn"音者，多为名词，如人参、参商；读"cān"音者，多为动词，如参加、参合；读"cēn"音者，仅与"差"构成联绵词"参差"。因为"参差"是联绵词，故"cēn"音之"参"不可单独使用，所以曾参之"参"不会读作"cēn"。那么，曾参之"参"到底读哪一个音，只能在前两个读音中二选一了。

参考《说文》，在"森"字条下有"读若曾参之参"，可见东汉许慎是将其读为"shēn"音的。笔者在中学、大学时的师承也读"shēn"音。就连计算机拼音输入法中也是敲打 zeng shen 会出现"曾参"字条，而敲打 zeng can 则不会出现该字条。曾参之参读作"shēn"，恐怕是社会上大多数人的选择。

但明清以来，有学者根据曾参字子舆的理由，认为人的名与字有同义对举的关系。"舆"与车驾有关，"参"也当与车驾有关，"参"当是"骖"的假借，故"曾参"应读作"zēng cān"。此说不无道理。但汉初丞相曹参字敬伯，又该如何断定其名读音呢？

目前的实际情况是，曾参也好，曹参也好，都没有规范定音。类似的情况恐不在少数。

此外，字音还有文读和白读的不同，如"疟"之 nuè 与 yào；单音词与复音词的不同，如"剥"，剥（bāo）花生与剥（bō）削；普通音和方言音的不同，如"啥"；古今音的不同，如"龟"之 qiū 与 guī。

目前，在汉字字音问题上问题较多的是形声字的音符不能准确标音。据学者统计，现今形声字还能准确标音的只占总数的 1/5。这说明另外的 4/5，徒有音符之名，却失去了标音之实。究其因，或者是形声字本身字音发生了扭转而作为声符的汉字字音没有变化，如"红"与"工"；或者是作为声符的汉字字音发生了变化而形声字字音没有变化，如"尔"与"你"，"夸"与"袴"。

当然，现代汉字来源于古代汉字，在漫长的历史流变中，不论是声符汉字抑或是形声字整字,其声、韵、调,任何一个,或者是两个,乃至于整体发生变化都是可能的,但问题是汉字字形却相对稳定地延续下来,这就造成了汉字字音的复杂局面。

汉字字音会发生变化,这是毋庸多言的客观事实。在古代中国,可能人民大众的语音已发生了变化,但读书人会由于师承的原因而固守旧制。这在客观事实上就造成了读书音和口语音的差别,古音和今音的差别。而这两种不同语音的使用人口是不成比例的,最终今音会战胜古音。这里也体现了语言学中的一条定律——约定俗成。

约定俗成,语出自荀子。荀子曰:"名无固宜,约之以命。约定俗成谓之宜,异于约则谓不宜。"此言得矣。所谓语音的"宜",自然要考虑使用人数的众寡。正因如此,"粳米"宜读作"gěn mǐ","说服"宜读作"shuō fú"。

无疑,汉字字音的流变,为我国文字工作者和汉语言文字教育者提出了严肃的要求。既要顺应约定俗成的定律,又要考虑语言的稳定性。不宜不改,也不宜改动过于频繁。尤其是在目前社会上文字使用的乱象中,作为国家形象的主流媒体和承担民族重任的大中小学教育更应该责无旁贷,严肃汉字的使用,对滥用文字的商业广告宣传及民间用字,须有相关部门控制为好。因为我国国家形象的提升和国民素质的提高,与汉语言文字的教育不无关系。只有中华文化的提升,才会有国家和民族的强大。春秋战国的百家争鸣,四百年的汉朝国运强势以及唐宋崇文所造成的灿烂辉煌,已为我们找到了一条康庄大道。舍此,绝无他途。

第二十七讲　字义的丰富

——汉字的"多义"属性

　　说到底,文字是要表达语义的。唐代书法家、书法理论家孙过庭在其《书谱》中写道:"书契之作,适以记言。"汉字是表意文字,理论上说,一个汉字应该对应一个意思,但汉字的创造不可能与语义的产生同步发展。由于中华民族的宽容的民族属性,人们采取了扩大汉字的容量的方法来降低创造新汉字的需求。这样汉字就有了"多义"的属性。除了最初造字的"本义"以外,其他的意义都是这个汉字的"转义"。我们可以将"转义"概括为六种类型:引申义、假借义、比喻义、复合义、翻译义、古今义。

　　所谓引申义,在转义中占主要地位,是由原字义的扩大或缩小而产生的。如"止",本义为"趾",由于足趾所在的地方就是行为停止的地方,因而引申为"停止"义、"禁止"义、"制止"义、"叫人停止"义(使动)。

　　所谓假借义,源于语言中的同音词,在无法造新字的情况下,借用已有的文字以敷语用。从这个汉字的角度来讲,被借用后便产生了假借义。汉字的假借义在甲骨文中就已经大量使用,只是在形声字大行其道之后,假借似乎被人们忽视了,但古汉语中"通假"仍是一种常见的语法现象。如《史记·项羽本纪》中"旦日不可不蚤自来谢项王"一句之"蚤"字，即是"早"的通假。

所谓比喻义，比喻是修辞语用的一种方法，一些字不指所代表事物的本身，而是用来做其他事物的代称，其字义不能照字面解说。如"风吹雨打"一语中的"风""雨"二字，是人的社会处境的比喻。

所谓复合义，古汉语中以单音词为词汇主体，而现代汉语中复音词已成为词汇主体，汉字成为构词语素。在复音词中，汉字在连用、复合中表达出不同的意义。汉字的复合义，造成了汉字字义的复杂性，增加了理解汉字字义的难度，也丰富了汉字字义的内涵。如"花"在不同的词中，有不同的复合义。花草（种类义）、开花（本义）、棉花（名物义）、花布（图案义）、天花（委婉语义）、眼花（比喻义）、花费（假借义）。

所谓翻译义，在翻译外来词语时，有意译、音译、意音兼译三种类型。在不同的类型中，汉字以不同的属性发挥功能作用。

意译中，汉字的字义即是词义，符合汉语构词规律，是较科学的翻译方法。如民主、科学、电话、发动机、扩音器。

音译则是借用谐音的汉字。有的只借用了汉字的音，与原字义毫无关系，这只是一种权宜的、便捷的翻译方法，如巧克力、沙发、布尔什维克、比丘等。也有的因此而使汉字产生新的字义，如英语词 sex，当年日语借用汉字音译为"性"，以后再转道传入中国，使汉语汉字的"性"增加了"性别"的义项，并产生了两性、异性、同性、男性、女性、性别、性病等词。

意音兼译，兼顾意义和读音，是两全其美的好翻译，但这样的翻译十分难得。如可口可乐、奔驰、禄来福来、佛、尼姑等。

所谓古今义，是汉语不断演变而产生的。词义的演变是和社会文化的演变分不开的，而表达词语意义的汉字的创造又落后于社会文化和语言的发展，因此不得不使用旧字表达新意义，从而造成字义的古今不同。如我，最初为兵器名，今指代第一人称；豆，古为容器名，今为植物名；笨，古为竹膜名，今为形容义。

总之,随着人文发展的愈来愈丰富,汉语语汇也随之愈来愈丰富,但因为汉语的单音节属性的局限性,语汇的丰富不仅表现在新词的产生上,更多的是表现在原有词汇的内涵的增益变通上,这样发展的结果,自然是汉字字数不需增多而字义内容却愈来愈多。到了现代汉语阶段,汉字已摇身成为构词语素,丰富的汉字字义,成为造词的优质资源。这正是汉语汉字优秀于音素文字的特点之一。

如谓不信,或可举"鬼"字为例,从中可一窥汉字的字义演变。

"鬼"字,是我们日常语用中使用频率较高的汉字之一。从理论上推导,"鬼"应该是象形字。

但象形字的创造应该有四个原则:

(1)只限于具体实物。非实有其物则无从描摹构造。

(2)以独体为原则,是不可分割的整体。

(3)一定是名词。

(4)一定在本名外不含别的意义。

如果"鬼"是象形字,它应该符合象形字造字原则的第一条,"鬼"应该是具体存在的实物。然而,众所周知,鬼神是不存在的。"鬼"如果是实物的话,它的真实本义是什么? 它又如何演变成为鬼神之"鬼"?

先让我们看一看上古文献。《论语》中有两处提及"鬼"。《论语·为政第二》:"非其鬼而祭之,谄也。"《论语·先进第十一》:"季路问事鬼神,子曰:'未能事人,焉能事鬼?''敢问死?'曰:'未知生,焉知死?'"

《墨子·节葬下》:"(輆沐之国)其大父死,负其大母而弃之,曰:'鬼妻不可与居处。'"

《左传》宣公四年:"鬼犹求食,若敖氏之鬼不其馁而!"

按《现代汉语词典》《汉语大字典》《辞海》《词源》,"鬼"的第一义项都是"迷信者以为人死后离开形体而存在的精灵"云云。

明代张自烈撰《正字通·鬼部》:"鬼,人死魂魄为鬼。"

《说文》："人所归为鬼,从人,象鬼头,从厶,鬼阴气贼害,故从厶。"按《说文》所解,"人所归为鬼"即《正字通》所谓"人死魂魄为鬼"。"从人,象鬼头"则是指该字为"人"的象形,但有一个鬼的"头"。"从人"是可以理解的,假如我们承认"魂魄"的存在,既然在人生的时候存在于人的身体内,当然"魂魄"应如人形,但何以却有不同于人头的"鬼头"? 且《说文·序》中对象形的解释是为"画成其形,随体诘诎",按一般"画成其形"的原则,或是抓住特征轮廓,或是突出比较与其他事物不同之处。"鬼头"是哪一种?如是抓住特征,那特征轮廓何在? 如是突出比较与其他事物不同之处,则理应与"人"做比较,但为什么"鬼头"与"人头"不同?

查殷商甲骨卜辞,也可以见到"鬼"字,其形,上为"甶",下为"人"。按王延林编著《常用古文字字典》解释为:"甲金文不从厶,从人从甶,象人戴有奇异之面具。许训当为后起意。卜辞铭文中有的作方国名,如'鬼方易'(甲三三四三)、'伐鬼方'(盂鼎)。亦作人名。如'贞亚多鬼梦亡广'(前四一八·三)、'鬼乍父而宝壶'(鬼壶)。"

而康殷所著《说文部首》中释"鬼"为"用有怪异之头的人形状以代表心目中的鬼……"

《常用古文字字典》释"鬼"为人,是"戴有奇异之面具"的人,而《说文部首》承认"有怪异之头的人形状",但是是"心目中的鬼"。

比较上述各家解释,释"鬼"为人似更有说服力,因为"人"是"具体实物",且有"鬼方"作为方国名及以"鬼"为人名的佐证。

"鬼方",《词源》释为:"殷周时西北部族名。《竹书纪年·上·武丁》:'三十二年,伐鬼方,次于荆。''三十四年,克鬼方,氐羌来宾。'《易·既济》:'高宗伐鬼方,三年克之。'其地何在,旧说不一,近人考当在岐周以西,汧陇之间。"

《词源》中提到的《竹书纪年》一书,据《晋书·束皙传》记,太康二年,汲郡人不准盗发魏襄王墓,得竹书数十车,中有《纪年》十三篇,记夏以来至周幽王为犬戎所灭,以事接之。因其为竹简,后人称为《竹书纪年》,相传为战国魏国史书。

"太康二年"为西晋武帝年号（281 年）。《竹书纪年》于这一年出土。

"岐周以西,汧陇之间"当在陕西西部。魏国在山西,陕、山两地地理位置毗邻,《竹书纪年》所载三年"伐鬼方"事当属可信。

一般学者认为华夏文明史源起于黄河流域中原地区,但黄帝时期的文明已具有了相当高级的特征和丰富的内容。若从人类产生语言时的史前史说起,汉藏语系绝大多数的语族语支存续发展于我国的西南一带,这说明汉藏语系的原始语应产生发展于滇缅一带,其发展态势也应成墨渍形式。汉语属汉藏语系的一族,说汉语的一族人,应是在滇缅一带形成发展原始汉语后,陆续向北、向东迁徙,并最终在中原地区形成璀璨的文明。同时,说汉语的汉祖也在中原地区的北部遇到了说阿尔泰语系的另外一支强悍的部族。中国历史中,汉族与北方民族的纷争不断,而南方似乎成了可以退却的大后方。汉族与北方民族的纷争, 实质是说汉语的农业文明的汉族与说阿尔泰诸语的游牧文明的北方民族对土地资源的争夺, 而最终形成相对峙的锋面正是著名的长城一线。如此来看,中原应是华夏文明圈源起的北缘,而不是源起的中心。

从上述分析来看,对说汉语的华夏部族来说,操阿尔泰语种的北方部族非我族类。事实上,在华夏部族的北面,也正是存在着突厥人和满—通古斯人。

满—通古斯人面庞宽大,而突厥人从中亚一线向东迁徙而来,自身带有突出的高加索人种的特征,正所谓中国古籍中对其后的胡人的描述——"深目高鼻多须"。

鬼方,地处陕西西部,正在突厥人向东推进的路线上,鬼方人是否即是当时的突厥人? 如是,"深目高鼻多须"正是与从南方迁徙而来的华夏族人的面部有着极大的差异,因而使华夏族人在创造文字时为突出其面部差异而"画成其形"为"由"。

《常用古文字字典》中关于"象人戴有奇异之面具"的描述,怕也是不对的。流行于北方部族的原始萨满教,其巫师的神具包括神衣、神帽、神鼓、神靴、神刀和神杖等,恰恰没有面具。而以面具为特征的古老傩舞又集中流传于我国的南方。

因此,"鬼"字最初的本义应是指生活在我国陕西西部的异族人,其方国名为"鬼方"。"鬼方"在殷商武丁时期曾与商王朝有过三年的战争,其后被商打败,至周的后期,陆续退出社会舞台,不再见于史籍。

但"鬼"字已经存在,并且有了多种引申义。

鬼方曾是殷商重要的北患。"鬼"因此有了"可憎"的意义。《现代汉语词典》"鬼子"词条为:"对侵略我国的外国人的憎称。""鬼子"因其可憎,也成了骂人的话。《世说新语·方正》:"卢志于众坐问陆士衡(陆机):'陆逊、陆抗,是君何物?'……士衡正色曰:'我父、祖名播海内,宁有不知,鬼子敢尔!'"

说起"鬼子",人们不难联想到"日本鬼子""洋鬼子"等历史词语。中国人对 20 世纪遭受外国凌辱始终铭刻在心,就连原产于北美洲,后经欧洲传入我国的植物"菊芋",也因其来路而被人们俗称为"洋姜""鬼子姜"。

鬼方部族相貌有异于我,且经常侵掠于我,因此,"鬼"不仅有怪异的意义,且有可怖的含义。口语中常将看不惯的、不同于我的称为"鬼样子"。周康王时所造盂鼎,其上铭文"伐鬼方"中的"鬼"字写法为"左甶右戈",其字省掉人形,保留"鬼头",同时增加"戈"字。大盂鼎铭文"古(故)天異𤰔(翼)临子",其中的"異𤰔"字,写法如一有"鬼头"之人,伸张两臂作怪异恐怖状。其铭文中还有"畏天畏(威)"一语。其"畏"(𢀳)字形如一"鬼"形手执棍棒。罗振玉释为:"从卜及手形,或省作手形,从卜(当是攴省)。此则从鬼手持攴,可畏孰甚。""畏天畏"中的第二个"畏"字假用为"威"。以上字例可以看出,上古时期人们对鬼方之人,不仅视为有别于我类,而且是可怖、可怕的。

鬼方之人退出历史舞台,上古之人在口耳相传中,渐次忘却鬼方,却将"鬼"字附义于可怕的死魂灵(《礼·祭义》:"众生必死,死必归土,此之为鬼。")

和万物的精灵(《诗·小雅·何人斯》:"为鬼为蜮,则不可得。")这便是现今诸工具书中"鬼"字的第一义项了。

鬼方消失,"鬼"又不可得见,故又有隐秘不测义。韩非子在《韩非子》一书中论到法家所强调的法、术、势时说:"故明主之行制也天,其用人也鬼。""鬼"由名词转用为形容词。以后此一语义在口语方言中,又添加了狡黠、机智的含义。这里没有了可怖义,反而添加了爱意,如小鬼、机灵鬼,以及南方一些地区妇女称其丈夫为"死鬼"等。

当然,在众多的"鬼"义中,贬义还是居多的。如喻指人心的阴险、不光明(鬼话连篇),指称沉湎于不良嗜好的人(酒鬼、赌鬼、烟鬼等)。这些贬义的引申,都是源于对非我族类的不理解、排斥和恐惧憎恶。

也正是人们对"鬼"的不理解,在晚周玺印文字中为"鬼"字增添了一条"尾巴",以增强怪异感。篆书在规范写法时误为"厶"。而许慎则人为地论断为"从厶,鬼阴气贼害,故从厶"。段玉裁又注曰:"神阳鬼阴,阳公阴私。"到此,原本指称北方部族之人的"鬼"字,不仅丧失了原义,而且还添了一条有阴阳含义的尾巴。

汉字字义演变之丰富,于"鬼"可见一斑了。

人的社会生活是在不停地发展变化着,语言文字自然也会亦步亦趋。尽管为了语用的通用性,我们坚持不懈地做着语言文字的规范工作,但这也阻止不了人们丰富语言文字的需求。尤其是当今年轻一代的中国人,有文化,有活力,乐于追求、尝试新鲜事物,方便、快捷以追求速度为时尚的电子书写技术,更使得年轻人乐于在语言文字的表述上追求新意。这几年"囧"字的流行便是一例。"囧"原字形为"冏",义为"光""明亮",今人改写为"囧",以其形象于张口蹙眉之"窘"相,故以"囧"代"窘",且渐成流行气候。此字之流行,使"囧"有了新的字形字义,这或是字义丰富的一个最新例证吧。

第二十八讲　　什么是汉字能力
——读与写的两大技能

在当下科技迅猛发展以信息传导为特征的智能时代,以汉语为母语的中国人,倘无娴熟的汉字能力,将无法在社会立足,无法享受高科技给人们带来的生活福利。换句话说, 在当今的中国社会一个人没有一定的汉字能力,将无情地被社会抛弃。

汉字客观存在了几千年,它是一种工具,人人可以得而用之。它也正如一切工具一样,必须要经历一定的学习过程,从而培养、锻造运用这种工具的能力,唯其如此,工具才能被主人得心应手地使用。汉字这种工具更是如此,它一定与使用者的努力成正比。俗语说:"字如其人。"这句话不仅仅是由于字写得美丑而对书写者所做的褒奖或贬损, 更深层含义是指一个人用文字所表达出来的东西,会深刻地显现一个人的学识、修养和人品。其中展示给社会的,首先是一个人毕生努力所获得的汉字能力。从某种意义上说,汉字能力体现了一个人阅世、处事、入世水平的高下。

那么,什么是汉字能力呢? 它又有什么具体的要求呢?

所谓汉字能力,简单地说,是指一个人使用汉字进行记录、表达和交际的能力。其表达体裁主要有生活中的书信、日常应用文、文学作品、艺术作品,以及学习和社会工作中的计划、说明、通知、报告、总结、检讨、笔记、论文等。总之,一切用汉字书写出来的东西,都在展示着一个人的汉字能力。所以,不论一个人处在什么时段、什么境遇,都应努力提高自身的汉语能力,以应对未来所赋予你的机遇。

汉字能力包括读与写两大技能,同时也指能够自身提升读写能力的能力。

所谓读,是指对汉字的正确认读和理解。通过对字形的辨识,能够正确发出该字在一个句子中的读音,并能够理解该字的语素意义,以及在句中担负的语法意义。

上述"在一个句子中的读音",所指的正是汉字字音的难点。汉字的读音不同于西方音素字母的拼读。汉字字音不仅有自身的声、韵、调,还有其在不同句子中出现的轻声、句重音和音变。另外,在某种情况下出现的文、白读音和古、今读音的不同,也是不容忽视的问题。

汉字有同音字,例如辨、辩、辫。其声符相同,故而造成形近字,以至于人们见到形近的"瓣"字也会误读。又如赢、嬴、羸,以及蠃;再如旁、螃、膀、滂、蹒,以及榜、镑、磅。类似的情况不胜枚举。

在汉字同音字中,除了有形近字外,还有义近字。例如曲与屈,定与订。所谓"义近",其意义虽然接近但还是有所区别的。

数年前,电视中的法制节目曾讲过一个案例:

甲买了乙的一套住宅,商定价格为 8 万。甲应乙的要求,先分两次交付了 4 万元,待数月后交割房产时再交付其余的 4 万元。甲在先期付款的时候亲笔写下了有"订金 40000 元"的字据。但时隔不久,乙毁约,将 4 万元及字据退还给甲。甲生气之余,在别人的告知下,找到乙要求以定金的两倍作违约赔偿金。但乙也在朋友的告知下,声称交付的是"订金",不承担赔偿。

这个法制节目聘请了一位律师顾问,为此事做了解读。律师说:"定金"与

"订金"不同。如果是"定金"合同,甲方毁约,则不能讨回"定金";乙方毁约,则以数额的两倍做违约赔偿。而如果是"订金"合同,这笔钱只是预付款,毁约的任何一方均不承担赔偿责任。此例说明,汉字的字音固然重要,但表达字义才是书写汉字的目的。因此,写字、读字不可不用心。

几千年中国文明史沧海桑田,语言发生着巨大的变化,汉字的音、义随着历史的发展也在不停地变化着。相对而言,汉字字形进入隶楷阶段后,变化较少,只是新字覆盖老字而已。但老字也不甘退出历史平台,时不时地会在某个地方露一下面孔。这就牵扯到汉字的古今字、古今义的问题了。

大家知道,一些古地名、古人名、古国名需要用相对应时期的古汉语汉字读音方可。例如,即便是今天的文章中见到西域的"龟兹"一词也应读作"qiū cí"。龟字的读音与今不符,可见这是古今音的问题了。

这个问题,我们还可以从"秋"字上得到旁证。《说文》:"秋,禾穀孰也。从禾,龜(上龜下火)省声。"又:《康熙字典》收有"穐"字,注为:"《集韵》:秋,古作穐。"这些都可以证明"龟"字的古今音有了很大的变化,因而我们在某些特定情况下还要重新拾回古音,否则便会贻笑大方。

面对如此难点,有什么好办法吗?我们只能回答一句:"查字典去。"汉字的字音和字义的复杂性,是历史留给我们的遗产。它丢不得,也玩笑不得。唯一可行的是,怀着敬畏之心,下笨功夫认真面对。

所谓写,是指汉字的正确书写。汉字的本质就是依靠字形来代表字音和字义。倘字形出现错误,字音和字义自然失去依据而不能被表达。一般来说,字形出现问题,人们称之为错别字。但错别字其实是指两种不同的错误,即错字和别字。

所谓错字,是指笔画、部件与正字不符。

例如,有的人在写字的时候,将"工"字中间的"竖"写成"竖折横折竖",犯了混淆笔形的错误;将"人"字的"捺"上增加了两小"撇",犯了增减笔画的错误。

有的错字是因为没有良好的书写习惯,书写笔画有失准确。如将"见"字的最后一笔"乚"的"钩"丢掉了。将"竹字头"写成"KK"形。

没有良好的书写习惯还表现在笔顺颠倒上，比如整字中的"口"形部件，以画圈的形式一笔圈就，这在汉字书写上是绝不允许的，即便是行书、草书，也是不可以的。

还有一种是指部件是对的，但搞了错误的组合。例如有人将"宝"字错误地写作上"宀"下"王"，将"肺"字写作左"月"右"市"，犯了误植部件的错误。

概括起来，出现错字的类型大致有：笔画增损、笔形失准、笔顺颠倒、部件易位或误植、间架结构失当几种。

这几种情况我们都称之为错字。在过去以纸、笔为书写工具的时代，出现错字的概率会比较多，这是教师批改作业、编辑修改文稿时比较关注的地方，同时也是上级领导评判下属员工工作素质的关注点。

今天，除了中小学学生的作业还在手写文字外，一般稿件和工作文本大都是电脑打字。此时错字是不会出现的，因为电脑字库中不会有错字，但另一种错误又会大行其道，这就是别字。

所谓别字，是指笔画、部件都没有错误，单独看整字也是对的，但在词中或句中出现在某个位置上则是错误的，也就是说，书写汉字时犯了张冠李戴的错误。比如"可以"写成了"可似"，"自己"写成了"自已"。当年上山下乡的知青中流行过不少这样的笑话，比如知青书信"我与老大狼（娘）睡在一个坑（炕）上。""给我寄一些油（邮）票来。"都是经典的段子。

这种写别字的错误，在近年来用电脑或智能手机打字时出现的比较多。出现错误的原因，有的是性格毛躁，有的是追求速度无暇修改，有的是故意为之以求取乐。例如当今流行的网络用语"小盆友""酱紫"等。这种做法是极不可取的，不仅有失文字的严肃性，还可能造成文本的误读，为工作带来麻烦和损失。

那么，出现别字又该如何纠正呢？鲁迅先生有言："好文章不是写出来的，而是改出来的。"其中的"改"字当然包括对错别字的修改，这是任何一个人在做文字工作时,绝不可回避的事情,尤其是在电脑面前更是如此。

汉字的正确书写,是一个良好的工作习惯,它体现了一个人的素质。相信任何一个领导都不会将工作放心地交给经常写错别字的员工去做的。

一个人的汉字能力,第一要务是正确的书写。出现了错别字,再好的文章、再美的书法作品,也是不可取的。在当今使用电子介质的大前提下,尤其要注意不可出现别字。

我们讲到了别字的问题,也要注意别字与谐音双关修辞的区别。

所谓谐音双关修辞,指的是利用同音字而造成语义双关,即字面上是一个意思,实际上指的是另一个意思。谐音双关可使语言幽默、风趣、含蓄、曲折、隽永,给人会心一笑的感觉。例如唐诗:"东边日出西边雨,道是无晴却有晴。"民间歇后语:"和尚打雨伞——无发(法)无天。"天津大维制衣有限公司的广告语:"百依(衣)百顺"。北京牛栏山二锅头的广告语:"牛栏山二锅头,真牛!你今天喝了没有?"其中的"牛"字,既指称牛栏山,也夸赞其品质不错。其策划用心可谓良苦。

谐音双关是中国人雅俗共赏的一种语言修辞。它体现了汉语言文字的智慧,其要点是字面的意义可以说得通,深层的意义也说得通,唯其如此,才可以称之为双关。而别字是不具备双关的语义特点的。这一点不能不搞清楚。

前文提到汉字能力不仅是汉字的正确识读和书写的能力,还包括能够自身提升读写能力的能力。其实这种能力是一种自觉意识的心理能力,具备了这种能力,就能够以自我为师,不断地提高自己。

人们常说,写、念、认、说、查,是提升汉字能力的五种手段。

写,是关注汉字的字形系统。简言之,就是正确书写汉字,避免错别字的出现。汉字是必须常常书写的,长时间不写汉字难免会发生提笔忘字的问题。

念,是关注汉字的字音系统。根据字形,念出该字在语句中的正确读音。汉字的字音,由于历史、地理、师承、个人知识储备以及工具书的不足,念错字音是常有的事情。唯有不断地、以考究的态度对待每一个汉字,才能保证念对字音,不致贻笑大方。

认,是关注汉字的字义系统。根据字形和句中的读音,准确理解汉字在语句中的字义。汉字的理据是据义构形,形义统一。汉字常用字 3500 个,有效表义率达 83%。

说,是一种汉字的练习方式。面对一个汉字的提出,运用所掌握的汉字形、音、义知识,准确地称说出未知字形。简言之,就是把字说给你听。例如"室"字,可以解释为:"上面是宝盖,下面是至于的至。"这种练习与书法的"书空"有异曲同工之妙。

查,指的是工具书的查检使用。查检工具书是一种能力。但遗憾的是,工具书并没有得到人们的高度重视,当然个中的原因是多样的,但工具书的权威性和便捷性是毋庸置疑的。善于使用工具书的人,将是汉字能力的强者。目前,我国常用汉字工具书不外《新华字典》《现代汉语词典》《汉语大字典》《辞海》《词源》几种。经常翻检这些工具书,无疑是保证文字使用正确的不二法门。

目前我国纸质工具书使用的查检方法不外音序检字、部首检字、笔画检字和四角号码检字四种。

音序检字,知音、形而查义。此种方法无师自通,为目前绝大多数工具书的首选。

部首检字,知形而查音、义。此种方法为东汉许慎《说文解字》首创,许氏收字 9353 字,共分部 540 部。但熟练使用此法,需要有一定的文字学功底,且历代字书由于所持理据不同,汉字归部多有差异。因此,部首检字的使用确有一定的难度。为使部首检字更趋科学性和实用性,中国教育部、国家语委于 1983 年发布《汉字统一部首表(草案)》,并于 2009 年 5 月 1 日开始实施。该部首表规定主部首 201 个,附形部首 99 个。

该表的发布实施虽然有利于使用者的实际操作,但由于历史传承和所持理据不同的缘故,其汉字归部仍有抵牾的地方。例如"视"字,传统文字学一般以表义偏旁为部首,"视"字当归"见"部;但《汉字部首表》为方便检索,将"视"字归于"礻"部。在此情况下,人们只好将部首分为两种,前者为"识字部首",后者为"检字部首"。

总之,使用部首检字法检索汉字还是需要下一番笨功夫的。

笔画检字,也是知其形而查音、义。此法较为简易,只需清楚数准笔画即可。但问题是相同笔画数目的汉字太多,因此,还需在同笔画数的汉字群中二次排序。目前,一般笔画检字表,单字按笔画数从少到多排列,同画数的字,单字少的按第一笔、单字多的按第一二笔的笔形一丨丿、乛的顺序归类。笔画检字一般争议较少,人们多在使用前几种方法不得要领的情况下,不得已在笔画检字表中"爬格子"了。

四角号码检字,也是知形而查音、义。但此法目前不太流行,一些工具书如《现代汉语词典》《辞海》等都有附录排列。本文不再赘述。

说到底,汉字能力的培养不是一件简单的事情。一个人从小到大,不可能要求每一个汉字都会认、会写,关键在于培养一个人的字感,要能够自己判断识字、写字的正确与否,自己能否在某个工具书中找到需要的知识。汉字能力的提高,是一个渐进的过程,是一个用心程度的比拼。一般的规律是学多会少、认多写少,比如"鳏寡孤独"四字,"鳏"字,使用频率极低,不需做读、识、写的要求;"寡"则可读、可识即可;"孤""独"因其使用频率极高,则必须读、识、写,烂熟于心。

汉字是一个中国人的基本功,抑或说是一个中国人的基本素质之一。汉字能力的高低,与一个中国人的文化素质的高低成正比。

第二十九讲　汉字是古今通用的文字载体

——这是汉字的复杂性,也是汉字的丰富性

　　在讨论这一问题的时候,首先让我们明确一些基本概念。语素的职能是用来构词的,语素是构词单位。现代汉语中,语素多数是由古代汉语的词演变而来。词是比语素高一级或大一点的意义单位,是能自由运用的最小的意义单位词,是造句单位。字是记录语言的符号,是书写单位。

　　在现代汉语中,汉字与汉语词由于历史和语用的原因,二者有时会出现概念混淆,有时会发生概念冲突。搞清楚二者之间的问题,是解决汉语言文字规范的基本前提。但是,囿于历史、文化、哲学、社会思潮和学术传承的制约,汉字与汉语词的一些概念相冲突,至今在一般的语言文字工作者那里还存在着没有搞明白的问题。因此不能不引起人们的关注。

　　汉字是世界上唯一没有被其他文字影响而自主发展的自源性文字。笔者曾于20世纪90年代在中亚乌兹别克斯坦生活工作过一段时期,当时正是苏联解体的初期,该国为摆脱旧的政治影响,决定弃用俄文字母改用其他文字来记录书写本民族语言。摆在人们面前的选项有两个:阿拉伯文字和拉丁字母。经过一段时间的社会权衡,乌兹别克斯坦最终选用了拉丁字母。这一事件说明,不管使用什么文字,只要能够记录本民族语言的声音即可。

汉字从诞生之日起,字形的流变,字音的嬗变,字义的衍变,都是按照自身的规律一步步走下来的。汉语言文字自有其系统,割断历史生硬地套用西方语言学理论来认识、改造汉字,就一定有说不通、行不通的地方。因此,研究分析汉字必须要遵从汉字的特殊性,按照汉字发展的自身脉络去探寻。

从历时的角度看,汉语有古代汉语和现代汉语之分。从语汇的角度来讲,古汉语以单音词为主,现代汉语以复音词为主。但不论是单音词还是复音词,都是由汉字来书写表达的。

上古汉语时期,汉字就是为了记录声音的句子而被创造的。因此,上古汉语时期的汉字就是我们今天语言学意义上的词。上古汉语语汇以单音节词为绝大多数,汉字也因此被创造为一个个单音节个体。字与词,二者是相匹配的。清代陈澧在《东塾读书记》中说:"声不能传于异地,留于异时,于是乎书之为文字。文字者所以为意与声之迹也。"这句话将文字的产生缘由及功用剖析得一清二楚。文字只是"意与音"留下的可视迹象。而词是能自由运用的最小的意义单位,是音义结合体。我们将词的概念套用到陈澧的句子中,那便是"文字者所以为'词'之迹也"。词在先,字在后,因为有单音节词,所以有单音节个体的汉字。

由此似可以得出结论:古汉语中,在绝大多数情况下(单音词占绝大多数),汉语词是以"字"的形式出现的。古汉语不是没有"词"这个物,而是没有"词"这个名。

汉语复音词的出现是一个历史的渐变的产生过程。相信在古汉语中,将"公牛"称之为"牡","母牛"称之为"牝","小牛"称之为"犊","二岁牛"称之为"㸬bèi","三岁牛"称之为"犙 sān","四岁牛"称之为"牭 sì"的时间不会很久。人与人之间的交际,更多的是使用口语。口语的要求是让人听得清楚。当语言日趋复杂,独词句和简单短句不能满足口语交际时,能够延长时间并具有解说特点的复音词,自然会在口语中广泛流传起来。只是复音词在上古汉语时期用文字记录起来不太经济,而且不具有"尚古"的雅性,因而被掌控文字的统治者长期排斥在文言文之外。但在古代汉语口语中,复音词还是被大量使用的。

例如,清代颇有个性的雍正皇帝批阅奏折时写道:"朕就是这样的汉子。"这个句子,除了"朕"这个特定的称谓之外,其余用词、语气与今之口语一般无二。

我们还可以再举一个文人的例子。清人郑板桥曾给其胞弟一封家信。郑板桥不可说不是文人,但在信中,作者没有一味使用艰涩的文言,而是行云流水般似文似白,其中夹杂着大量的口语词汇,读来使人感到亲切。本文选用这封书信,不是要搞文学鉴赏,而是希望读者读后,比较一下,看一看这封信中的语汇与我们今天的语汇有多大的不同? 其中又有多少复音词?

其信曰:

　　吾弟所买宅,严紧密栗,处家最宜,只是天井太小,见天不大。愚兄心思旷远,不乐居耳。是宅北至鹦鹉桥不过百步,其左右颇多隙地。幼时饮酒其旁,见一片荒城,半堤衰柳,断桥流水,破屋丛花,心窃乐之。若得制钱五十千,便可买地一大段,他日结茅有在矣。吾意欲筑一土墙院子,门内多栽竹树草花,用碎砖铺曲径一条,以达二门。其内茅屋二间,一间坐客,一间作房,贮图书史籍笔墨砚瓦酒董茶具其中,为良朋好友后生小子论文赋诗之所。其后住家主屋三间,厨房二间,奴子屋一间,共八间。俱用草苫,如此足矣。清晨日尚未出,望东海一片红霞。薄暮斜阳满树,立院中高处,使见烟水平桥。家中宴客,墙外人亦望见烟火。南至汝家百三十步,东至小园仅一水,实为恒便。或曰,此等宅居甚适,只是怕盗贼。不知盗贼亦穷民耳,开门延入,商量分急,有甚么便拿甚么去;若一无所有,便王献之青毡,亦可携取质百钱救急也。吾弟当留心此地,为狂兄娱老之资,不知可能遂愿否?

另外,我们还可以再摘录一段流行于古代李氏朝鲜时期的汉语教材《老乞大》中的对话:

"大哥,你从哪里来?"

"我从高丽王京来。"

"如今哪里去?"

"我往北京去。"

"你几时离了王京?"

"我这月初一日离了王京。"

"既是这月初一日离了王京,到今半个月,怎么才到的这里?"

"我有一个伙伴落后了来,我沿路上慢慢地行着等候来。因此上,来得迟了。"

"那个伙伴如今赶上来了不曾?"

"这个伙伴便是。夜来才到。"

这是古代李氏朝鲜王朝的汉语口语教材,其时间相当于我国明朝时期。这本教材令人惊讶之处,在于其中的言语几乎与今之口语一样。这段对话中的复音词占绝大多数,语序也和现代汉语相同,只是发音不好考证,想来也不会差到哪儿去。回过头去,再反观同期的明朝"前七子""后七子"的散文,就可以清楚地看到我国古代言与文的不同了。

古汉语时期,汉字固然是文言文的书面载体,但人们在日常口语交际时,也会用汉字来记录表达口语内容,如今敦煌出土的唐代变文就是很好的例证。这说明汉字既可以以表词文字的身份出现在文言文中,也可以以字群组合的形式组成口语词汇或短语(这种形式在文言文中也不乏见)。当汉字与汉字组合成复音词时,汉字便不是表词单位,而是构成词的语素单位了。

现代汉语中，复音词已占据词汇的绝大多数。在语义不变的前提下，即便有单音词和复音词两种选择，人们也早已养成了选择复音词的语用习惯，因为复音词的好处是不言而喻的。

为了表达更丰富的语义，汉语词汇走了一条增加音节的道路。在书面语的表达上，增加音节就意味着汉字的组合。汉字在语用日益丰富的前提下，其字义也发生了很大的变化。汉字不再是一字一形一音一义的表词，而发展为一字多形多音多义的表意。这一变化标志着汉字可以语素的身份在汉语书面语中可以充当更多的角色。

今天，当书面语向口语靠拢以后，汉语句子中最小的意义单位已成为字群组合的词，字仅仅是词的构成成分。在大多数情况下，字不再表词，而是以语素的身份充当比词更小的语言单位。

这样，汉字由表词，而表意，而表语素的发展道路，完美地配合了汉语由单音词向复音词发展的必然走向。也正是由于汉字灵活地改变了身份，才保证了汉字仍然承担着记录汉语的历史使命。

汉字为汉语的书写而产生。汉字的出现诞生了汉语书面语——古汉语文言文。文言文因汉字而与口语产生了差异。这是历史与现实的纠缠。

古汉语时期，汉字主要使用于上层社会，言文分家是人为的必然结果。今天，随着教育的普及，汉字为人民大众服务，书口合一是必然趋势。然而，现代汉语中，书面语和口语仍然是两种目的性不同的语言表达，其出现不同的差异也是理所应当的。

口语擅长情感表达，且有情景和形体语言的帮助，但限于时间的短促和交际对象的听力的强弱、理解力的高下，故而口语不惮重复，结构松散，喜用短句，且多用复音词以延缓时间和起到帮助解说的作用。在口语交际中，说者的主观能动性得到最大的发挥。

书面语擅长描述和逻辑分析，没有阅读时间的限制，能给受众充分的品味机会。利用汉字的表意性质，表达可以力求精致、简洁而讲究章句的锤炼，擅用关联词语和附加成分，以突出逻辑的严谨。在书面语的表述者的潜意识中，体念受众，期望得到作者和读者的共鸣，因而会自觉地注重文字的斟酌。

二者的行为目的不同，不应强求一致。

今天，一些电视的新闻播报，播音员正襟危坐，言简意赅，口中说出的完全是书面语言。严谨性是充分表达了，但看电视的人层次有别，能否听得明白，恐怕不是电视台考虑的事了。如今有一些电视台在尝试"说新闻"，应该说，这是一个不错的倾向。

反过来，如今也有一些报刊文章，大量使用俚俗语言，似乎追求"大众性"，但却浪费了有限的版面，同时使新闻文体的严肃性大打折扣。阅读报刊本是一些人的文化习惯，这些人在选择报刊上是有文化倾向性的。过分追求口语化，降低文化品位，同样也是不可取的。

汉语书面语的载体是汉字。汉字字义的容量大，耐推敲，富有表现力。汉语书面语写作时，不考虑汉字的特点，岂不舍本逐末，浪费了资源。书面语就是书面语，书面语不是口语。书面语理应与口语不同。

现代汉语，书面语向口语靠拢，这一大方向是对的，但这绝不意味着书面语只是口语的文字表达。书面语应该超越口语，汉语书面语应是汉语言表述的高级形式。汉语书面语与汉语口语不在同一平面，汉语的高级表达理应由汉字来完成。

五四新文化运动抛弃了文言文，以"我手写我口"的口号，将书面语一把拉回到口语的平台上，这是历史的正确选择。但如果把现代汉语书面语与现代汉语口语等同起来，无疑是违背了语言的发展规律。

任何一种语言在口语交际时都是即兴的、粗糙的、难以避免语病出现的。任何一种语言的书面语都是经过推敲的、精密的、规范的。书面语应是语言的高级表达形式，书面语不应只是简单的、机械的口语的文字记录。因此，"我手写我口"只能作为白话文运动的初期口号。事实上，随着现代白话文运动的深入发展，中国很快出现了一批像鲁迅、胡适一类的作家，并形成了现代白话文的语言、语体风格。

1955 年,中国科学院召开现代汉语规范问题学术会议。会上确定汉民族共同语应称为"普通话",主张向全国大力推广。会后经各方研究,正式确定现代汉民族的共同语就是:"以北京语音为标准音,以北方话为基础方言,以典范的现代白话文著作为语法规范的普通话。"

上述对现代汉语的概念判定,提到"典范的现代白话文著作"。这种说法已经明显地告诉我们,今天用汉字创作的现代白话文著作有"典范的"与"不典范的"之分。政府和专家们推介的是"典范的"现代汉语书面语,而不是一概而论的"我手写我口"的书面文字。也就是说,即便是现代,书面语与口语也应是有区别的,现代汉语书面语也应是汉语的精练的、规范的、科学的准确表达。现代的"言""文"也要有所分别。

汉字创造之始,没有经过语音的媒介而与形义直接结合。汉字利用形体的区别性原则直接造字的方法,使汉字具有不同于拼音文字的理据性。但这并不说明汉字是中国人刻意创造的另一种思维和表达的方式方法。本质上看,汉字仍然是为言语的延伸而创造,除了承担文言文的写作外,在数千年的历史中,汉字同样在生活中承担着补充言语交际的作用。汉字仍然是语言符号的符号。

汉字的诞生,原本是适应原始汉语的。原始汉语的单音节、独词句、简单单句的特点,塑造了汉字的独特形体。当语言向着繁复发展的时候,汉字的形体无法变更,而只能以扩大字义来适应之。久而久之,汉字具有了多义性,而多义性又为汉字向语素文字的转变打下了极好的基础。

汉语的发展,从形式上看,是单音节词向复音节词的发展,是短句向长句、复句的发展。这个发展是一个历经几千年的渐变过程。在发展中,汉字有时依然保留其独立运用的特性继续充当单音节词的角色(如书信结尾的祝颂语"顺颂夏绥"),或与其他的单音节汉字词以字群组合的形式构成短语(如畅销书书名《痛并快乐着》),有时则转换为语素以字群组合的形式构成复音词(如"复音词"一词)。

在字群组合中,由于汉字依然保留其固定的个体,加之所表现的语素义与原来做单音节词时所表现的词义有着强烈的一致性,因而在解释语义和判断字群组合形式时,会出现不能断然分辨这一字群组合到底是词还是短语的困扰。

如"红旗"一语,在"我们要高举红旗,走社会主义道路"一句中,"红旗"喻指无产阶级革命性质的指导性旗帜,因此"红旗"是一个有特指意义的复音词。

但在"在一片彩旗中,那面红旗格外耀眼"一句中,"红旗"只是一个偏正结构的短语,而不是一个词。

此外,现代汉语的组成不是单一的,它是由现代汉语口语、现代汉语书面语和有生命力的古汉语组成。由于教育的普及和整体民族文化水平的提高,口语的丰富语汇越来越充实到书面语中来,书面语也对口语越来越起到净化和提高的作用,古汉语词语在现代汉语中的使用频率也越来越高。这些交叉发展的状况,使区分口语、书面语和古汉语的界线越来越模糊,从而使句中汉字的"身份"越来越难以辨别。

这是汉字的复杂性,也是汉字的丰富性。汉字的这一独特性,正是由汉字贯穿古今的历史所决定的。摆在我们面前的泱泱汉字,既可以触摸几千年的历史脉搏,又可以借力探寻 21 世纪信息时代的无尽奥秘,这是我们民族的宝藏。中华民族自古以来便有"敬惜字纸"的优良传统,"字纸"不是一般的纸,"字纸"因有字而神圣。我们的民族正是由于这一传统,文化才得以传承和发扬。

第三十讲　汉字是中华文化的基因

——汉字记载着中华文化的信息

　　基因又名遗传因子,是生物学的一个名词。基因支持着生命的基本构造和性能,储存着生命的全部信息。在环境和遗传的互相依赖中,基因演绎着生命的繁衍、细胞分裂和蛋白质合成等重要生理过程。生物体的生、长、衰、病、老、死等一切生命现象都与基因有关。它也是决定生命健康的内在因素。因此,基因具有双重属性:物质性(存在方式)和信息性(根本属性)。

　　文化,则是生命体中人类所独有的精神产物。文化随民族的不同而不同,中华文化是中华民族数千年生存发展的结晶。

　　没有汉字就没有辉煌灿烂的中华文明,可以说,汉字是中华文明的基因。在这里之所以借用了生物学的基因的概念,是因为我们可以从汉字所蕴含的内容中看到中华文明的方方面面。换个说法,汉字是中华文明的一种外在表现,是中华文明的一种载体;汉字蕴含了中华文明的基本信息,缺失了汉字,中华文明将丧失了生存的根本。

　　在这里,我们或可以借用一首用汉字记录的 2500 年前的诗歌《诗经·豳风·七月》,来剖析汉字在其中所储存的中华文明的远古信息。诗歌全文如下:

七月流火，九月授衣。一之日觱发，二之日栗烈。无衣无褐，何以卒岁。三之日于耜，四之日举趾。同我妇子，馌彼南亩，田畯至喜。

七月流火，九月授衣。春日载阳，有鸣仓庚。女执懿筐，遵彼微行，爰求柔桑。春日迟迟，采蘩祁祁。女心伤悲，殆及公子同归。

七月流火，八月萑苇。蚕月条桑，取彼斧斨，以伐远扬，猗彼女桑。七月鸣鵙，八月载绩。载玄载黄，我朱孔阳，为公子裳。

四月秀葽，五月鸣蜩。八月其获，十月陨萚。一之日于貉，取彼狐狸，为公子裘。二之日其同，载缵武功，言私其豵，献豜于公。

五月斯螽动股，六月莎鸡振羽，七月在野，八月在宇，九月在户，十月蟋蟀入我床下。穹窒熏鼠，塞向墐户。嗟我妇子，曰为改岁，入此室处。

六月食郁及薁，七月亨葵及菽，八月剥枣，十月获稻，为此春酒，以介眉寿。七月食瓜，八月断壶，九月叔苴，采荼薪樗，食我农夫。

九月筑场圃，十月纳禾稼。黍稷重穋，禾麻菽麦。嗟我农夫，我稼既同，上入执宫功。昼尔于茅，宵尔索綯。亟其乘屋，其始播百谷。

二之日凿冰冲冲，三之日纳于凌阴。四之日其蚤，献羔祭韭。九月肃霜，十月涤场。朋酒斯飨，曰杀羔羊。跻彼公堂，称彼兕觥，万寿无疆。

这首诗歌为我们描绘了陕西地区 2500 年前一个以农事为主的部族生活全景。虽然汉字在漫长的历史进程中，已由古文字演化到今天的今文字，但我们稍加研讨，便可挖掘出今天仍然活着的这些汉字其中所蕴含的远古文化含义。

这样，让我们尝试着恢复当年农夫一年的完整生活场景，并配注一些画外音来品味当时的人生滋味。

七月天，暗红色的大火星向西流坠。

九月官家就会分发过冬衣裳。

画外音:"授",付与义。在这里似可以看到当时部族生活的一种形态。生活资料是统一安排的,人的生活有一定的组织和秩序。这种大群体的生活状况,我们在2500年后的文学作品《白鹿原》中依稀可以感悟得到。

十一月,北风那个吹,

十二月,寒冬更凛冽。

没有寒衣,那寒冬终岁怎度过?

画外音:"衣""褐"是下层群体的服饰装束,这与下文提到的"公子裘"形成强烈的对比。阶级的不公,在当时已是一种社会常态。

正月忙着修农具,

二月赶着去犁田。

老婆拉扯着孩子送饭到田头。

画外音:男人在外劳作,妇女操持家务和哺育照料孩子,这是中国几千年不变的生活秩序。"男"字由"田"和"力"构成,这是社会分工。"女"字如一人跪坐着,双手交叉似有动作,这是女子在家中的状态。如果一个女子能在家中好好的,这就是人们心中的"安",而"字"字就是孩子在家中平安养大。

扭头望去,那边官家监工已经喝上了小酒。

(画外音:"喜"从"饎"的假借。这也是一种社会存在。解放初农村土地改革划分地主和富农的标准是看其是否参加劳动。社会不公在上古时期已经存在。)

七月里大火星坠向西方,

九月官家发衣裳。

春天的太阳暖洋洋,

黄莺儿撩情地鸣唱。

姑娘提着篮筐，

走在墙边小路上，

一心一意去采桑。

春天里夜短昼长，

采蒿的人们都很忙。

可谁知女孩儿心中的忧伤，

怕的是官家公子把人抢。

画外音：在这一章中，我们看到一位劳苦人家的女孩子在暖暖的春日下，心情愉悦地去采桑，然而又突然一阵颓丧袭来，那是对官二代性骚扰的恐惧和担忧。两千多年的封建社会，中国女性的悲催命运跃然纸上。

七月火星偏向西，

八月芦苇收割期。

养蚕的月份要剪桑，

举起大斧砍长枝，

用索拉着采嫩桑。

七月伯劳要叫了，

八月女子要纺织。

麻布染黑又染黄，

染出的红色最漂亮。

漂亮的衣裳做给谁？

官家公子身上穿。

画外音：织染、缝衣，是中国女性劳作的主项，然而好的衣服却不是为自己做的。往事越千年，到了中唐时期，大诗人白居易依然愤懑地喊着："织者何人衣者谁？”

四月远志结了籽儿，

五月蝉鸣不休止。

八月忙收割，

十月树叶全坠落。

十一月，男人去打貉，

打到了狐狸却要上交给官家做皮袄。

十二月，再聚首，

继续打猎显身手。

小猎物自留下，

大野猪照例献官家。

画外音：女人受盘剥，男人又何尝不是如此。男人们出去狩猎，小的猎物可以归自己，但狐狸和大野猪却要上交的。这是制度，也是猎户们的无奈。

五月里，蝗虫踢腿鼓翅，

六月蝈蝈震翅膀，

七月蟋蟀在野地，

八月跳到屋檐底，

九月躲到门口去，

十月钻在床脚下。

堵窟窿，熏老鼠，

封北窗，糊门隙。

我的老婆孩子啊，

说话间又是一年到除夕。

画外音：生活是苦难的，但不是没有乐趣的。眼看着身边的小昆虫次第登场,知道日子在一天天过着。昆虫退去,冬天来了。把一切防寒的措施做好,这是一个当家男人的责任和骄傲。

六月能吃到李子和野葡萄,

七月煮豆和葵苗,

八月打枣,

十月收稻。

新粮酿造成春酒,

先敬老人祝长寿。

七月有瓜吃,

八月摘葫芦,

九月捡麻子。

挖些苦菜打柴火,

农夫才能填饱肚子。

画外音:民以食为天。这就是农夫一年的食谱。

九月夯筑打谷场,

十月粮食收进仓。

糜、粟、早稻和晚稻,

谷、麻、豆子和麦子。

可怜可叹的农夫啊,

地里的活计刚忙完,

又去给官家修官院。

白天还要割茅草,

夜里才能搓草绳。

赶紧上房苫屋顶,

春天一来就播种。

画外音:哪里有什么农闲,正经的农活做完后,还有那无穷无尽的公摊差役。就连自家房屋的修缮,都变成了抽空去做的事情。

腊月里,"冲、冲"凿冰忙,
正月冰窖把冰藏。
二月取冰忙祭祀,
贡品要用韭苗和肥羊。
九月天降寒霜,
十月打扫谷场。
捧着自酿的两壶酒,
还有宰杀的小羔羊,
大家一起上公堂,
双手举起牛角杯,
先祝官家万寿无疆!

画外音:中华民族的节日,大都是繁忙的阶段性农事结束后的自我酬劳。中秋节如是,冬日的腊祭也如是。在这普天同乐的时候,人们口中喊出的却是祝主子"万寿无疆!"这不啻是一种讽刺。

这是一首 2500 年前的中国陕西一带的民歌,笔者给它起名为《农夫之歌》。这首诗歌描写了农夫一年四季劳作和生活的场景。犹如社会风俗画一般,让我们目睹了生活在最下层的农夫和他的妻子儿女们,如何辛辛苦苦地劳作,春耕、秋收、冬忙、采桑、织染、缝衣、狩猎、藏冰、建房、劳役、酿酒、饮食、宴飨。其中有劳作和生活的快意,也有对饱受社会不公的欺凌压迫而吐露的牢骚和不满。那个时候的人们,已经有了丰富的天文历法和农事的知识,还有对大自然中各种动植物物象的观察和利用。诗中利用蟋蟀出没场地的变化来推导时间的迁移,令人想象农夫拨土找虫的憨态而忍俊不禁,也令人对先人们的生活智慧感佩不已。由这首诗,我们可以断定 2500 年前我国的农耕文化已达到如此高妙的程度,其中有些生活知识至今仍不失其指导作用。

上述诗歌仅仅用字 382 个。这就是我们的汉字,382 个汉字描绘了上古时期一个农夫一年十二个月的全部生活。其中涵盖了农夫家庭全部的衣食住行及社会的组织架构。

382 字,描绘天文历法的有:流火、春日、霜、卒岁、一之日(十一月)、二之日(十二月)、三之日(正月)、四之日(二月)、四月、五月、六月、七月、八月、九月、十月。

描绘天气情状的有:觱发、栗烈、载阳、迟迟、陨萚、肃霜。

指称衣物的有:衣、褐、裳、裘。农夫穿的是粗麻的衣、褐,而公子穿的是颜色绚丽的裳和狐皮的裘。这与几千年后鲁迅所说的"短衣帮"和"穿长衫"的分别几无差异。这说明 2500 年前阶级的固化已经很明显了。

描写饮食的有:馌,农夫一家在田间地头吃饭;喜,通饎,酒食之义,田畯(农官)吃的是酒食。

诗歌的第六章描写了农夫一家从六月到九月这段时间"瓜菜代"的情景。郁、薁、葵、菽、枣、稻、瓜、壶、苴、荼,几乎无所不食。

记录植物的名称有 25 种:桑、蘩、萑、苇、蒌、郁、薁、葵、菽、枣、稻、瓜、壶、苴、荼、樗、禾、黍、稷、穋、麻、麦、谷、韭、茅。

记录动物的有关名称有 10 种:仓庚、鵙、貉、狐狸、貛、豜、鼠、羔、羊、兕。

记录昆虫名称的有 4 种:蜩、螽、莎鸡、蟋蟀。有趣的是,这四种昆虫不是农夫的劳作对象,而仅仅是农夫判断时令的参照物。

记录与住有关的建筑物名称有 11 种:宇、户、床、向、室、场、圃、宫、屋、凌阴、公堂。

记录农夫劳作和社会活动的竟有 50 种:于耜、举趾、执懿筐、求柔桑、采繁、条桑、取斧斨伐远扬、猗桑、绩麻、染玄、染黄、染朱、为裳、于貉、取狐狸、为裘、同、武功、私豵、献豜、穹窒熏鼠、塞向墐户、食郁薁、烹葵菽、剥枣、获稻、为春酒、介眉寿、食瓜、断壶、叔苴、采荼、薪樗、筑场圃、纳禾稼、执宫功、于茅、索綯、乘屋、播谷、凿冰、纳凌阴、畱、献羔祭韭、涤场、朋酒斯飨、杀羔羊、跻公堂、称兕觥、祝寿。这些劳作的事项几乎涵盖了农夫的全部生活。

这仅仅是一首诗,通过文字的记载,我们可以还原几千年前的生活图景。这种事情在汉字以外的其他文字中是很难做到的。除了这 382 个汉字所揭示的内容之外,我们还可以此而引发挖掘更多的文化内容。比如在这首诗中,我们看到了 3 个颜色词:玄(黑)、黄、朱。如果我们好奇地去搜索一下汉字中与颜色有关的词,大抵会发现这些颜色字都属糸旁,如:红、纨(白色细绢)、素(本色的生帛)、纯(同一颜色的丝织品)、纺(素色纱绢)、緺(丝黄色)、绌(深红色)、紫、絑(纯赤)、绚(色彩多)、绛(大红色)、缟(白色的缟)、綪(浅碧色)、緅(青赤色)、绯(红色)、綟(黑黄近绿的一种颜色)、绿、缁(黑色)、缃(浅黄色的帛)、练(白色)、缇(橘红色)、缜(黑色)、緹(赤黄色)、缟(白色)、缥(青白色)、缌(浅蓝色)、缫(青中带黄的颜色)。

透过这些颜色字,我们或可以发现古人对颜色的分辨是在对丝织品染色的时候予以命名的。从中我们还可以看到古时以阶层划分的人们的服装穿戴的不同。农夫衣褐,没有颜色追求,没有式样追求;而上层人物的服饰,质地是丝织品,而且有复杂的染色要求。

汉字中这种丰富的文化内涵比比皆是,比如同属糸旁"绅"字,"绅"是古代官员束腰的大带,一端下垂。《论语》有言:"加朝服拖绅。"可见腰上系着这样的带子,自然被称之为"绅士"。将词义扩大来看,所谓绅士,也就是有身份有地位及言谈举止不同于劳动者之流的那些人。今天的人们身上已经不带绅带了,但绅士一词的文化含义仍保留在这两个汉字中。

这就是我们的汉字。汉字不仅记录了汉语的语音信息,更重要的是记载了中华文化的信息。由于汉字的延续使用没有断绝,从而使中华文化得以延续数千年而没有断绝。今天，只要科学地运用汉字学知识来解读汉字，便可以清晰地将中华文化的脉络呈现在我们的面前，这就是我们将汉字称之为中华文化的基因的由来。汉字是中华民族最伟大的发明，汉字是中华民族得以延续发展的基因。中华民族璀璨的未来，必将从对汉字的保护和发展中而得以实现。